Markus Barth, geboren 1977 in Bamberg, ist Autor und Stand-up-Comedian. Er schreibt für TV-Formate wie „Ladykracher", die „heute show" und „Nix Festes" und entwickelt Soloprogramme für Comedians. Seit 2007 steht er selbst auf der Bühne. Sein aktuelles Stand-up-Programm heißt „Haha ... Moment, was?" (Premiere im November 2018). Er ist regelmäßiger Gast in Sendungen wie dem „Quatsch Comedy Club" und „Pufpaffs Happy Hour" sowie in zahlreichen Radio-Shows.
Von Markus Barth erschienen bisher sieben Bücher, zuletzt „Soja-Steak an Vollmondwasser. Das Handbuch der überschätzten Lebensmittel" (Lappan Verlag).
Er lebt und arbeitet in Köln.

www.markusbarth.de
www.zwanzigtausendreiseleiter.de
Facebook: www.facebook.com/markusbarth.de
Twitter: @tweetbarth
Instagram: @markus.barth

MARKUS BARTH

ZWANZIGTAUSEND REISELEITER

Wenn dich wildfremde Menschen quer durch den Kontinent schicken

Bibliografische Information der Deutschen Nationalbibliothek:
Die Deutsche Nationalbibliothek verzeichnet diese Publikation in der
Deutschen Nationalbibliografie; detaillierte bibliografische Daten
sind im Internet über dnb.dnb.de abrufbar.

Herstellung und Verlag: BoD – Books on Demand, Norderstedt

ISBN 978-3-7481-3012-3

Für den besten Reise-
und
Auch-sonst-alles-Partner der Welt

INHALT

TEIL IV: NACH HAUSE

VORWORT

Am 21. Mai 2017 stellte ich folgenden Text auf meine Facebook-Seite:

Europa, aufgepasst! Ich bin ja so ein kleiner Europa-Fan-boy, und da ich es immer besser finde, sich auch mal anzu-schauen, worüber man so spricht, mache ich die nächsten vier Monate genau das: Ich schaue mir Europa an. Mit Mann und Hund und Campingbus. Fahrräder, Zelt und Wanderausrüs-tung sind auch dabei. Und ein Tupperware-Multichef-Mixer. Warum auch immer. Nur Plan gibt es noch keinen. Wenn ihr also Tipps habt, was man in Europa mal gesehen haben muss, wo man gewandert sein muss, mit wem man gesprochen ha-ben muss und wo es die besten Zutaten für den Multichef gibt, dann schreibt's doch einfach in die Kommentare. Gerne etwas jenseits von Toskana und Malle, gerne auch Richtung Osten und Südosten (Kroatien, Montenegro, Albanien – wohnt da jemand?).
Ich bin gespannt!

Allein für das Wort „Europa-Fanboy" hätte man mit einer ordentlichen Social-Media-Nackenschelle rechnen können: Der Brexit war gerade fast ein Jahr her, in Deutschland stellten sich alle auf eine schwierige Bun-destagswahl ein und Griechenland sollte zum wieder-holten Mal frisches Geld von der EU bekommen – die Stimmung war, vorsichtig gesagt, aufgeladen. Aber ge-nau deshalb wollte ich diese Reise machen: Ich wollte mal wieder etwas Positives mit Europa verbinden. Woll-te schauen, ob die EU mehr ist als Bankenrettung und Flüchtlingskrise. Und ich wollte herausfinden, ob Facebook mehr kann als Shitstorms und Fotos von Katzen und Kantinenessen. Und mein Plan ging auf: Ich bekam Hunderte begeisterter Antworten. Zahllose Leser gaben mir Tipps, wünschten uns viel Spaß und verrieten ihre persönlichen Lieblingsorte in Europa – von kroatischen Olivenhain-Restaurants bis zu ungarischen Thermalbädern, von portugiesischen Strandhöhlen bis zur „Kölschen Riviera bei Rodenkirchen" (bezeichnend, dass ich die als Einziges immer noch nicht kenne). Wildfremde Menschen luden meinen Mann und mich zum Essen ein. Viele bewarben sich als Reiseleiter. Andere boten Stellplätze für unser Wohnmobil, Übernachtungsplätze für uns und einen Futternapf für unseren Hund an.

Wir ließen uns darauf ein und fuhren los – von Tipp zu Tipp, von Empfehlung zu Empfehlung. In vier Monaten legten wir 17.000 Kilometer zurück. Wir fuhren durch zwölf Länder. Wir wurden beschenkt und ausgeraubt, eingeladen und abgezockt, von portugiesischen Mechanikern gerettet und von einer französischen Auster außer Gefecht gesetzt.

Es wurde ein wilder Ritt.

TEIL I

NACH SÜDEN

1. KASNUDEL-COUNTRY

Lesachtal, Kärnten (Österreich)

Mike M. schreibt: „Unbedingt das Lesachtal in Kärnten anschauen! Das naturbelassenste Tal Europas mit vielen Selbstversorgern und Bauernhäusern von 1650 … Übrigens: Wenn du „James Bond"-Filme magst, könnte dir die Gegend bekannt vorkommen!"

***

Erste Station also: Kärnten. Da werden Kindheitserinnerungen wach: In den 80ern und 90ern fuhr Familie Barth jedes Jahr in den Sommerferien mit einem sehr voll bepackten VW Santana gefühlte 80 Stunden nach Kärnten. Drei Kinder im Fond, fünf Fahrräder auf dem Dach, es ging mal an den Faaker See, mal an den Klopeiner See, wir wohnten immer in einer rumpelig-rustikalen Ferienwohnung, deren Vermieter Pichler oder Wertschnik hießen, und dann verbrachten meine Brüder und ich den Sommer zur einen Hälfte im Schilf-Urwald rund um den badewannenwarmen See und zur anderen Hälfte vor den Spielautomaten des örtlichen Strandbads. Irgendwann wurde ich erwachsen und entdeckte, dass man auch sehr gut in Gewässern schwimmen kann, die größer als zwei Fußballfelder sind und weniger als 40 Grad Wassertemperatur haben. Seither verbrachte ich die meisten Urlaube am Mittelmeer oder an der Atlantikküste.

Vor einigen Jahren machten mein Mann Stefan und ich trotzdem auf einer Fahrt Richtung Süden mal halt am Faaker See. Und ich war, vorsichtig formuliert, etwas unterbegeistert. Irgendwie war aus dem sonnenbeschienenen Wunderland meiner Kindheit ein leicht abgerocktes Ex-Ferienparadies mit angegilbten Campingplätzen und grasüberwucherten Minigolfbahnen geworden. Gut, es war Mitte April. Es regnete den ganzen Tag und die ganze Nacht, die Reifen unseres Wohnmobils blieben im durchgematschten Untergrund des Campingplatzes stecken und alle Einheimischen schauten uns an wie Gastgeber, deren Gäste zwei Monate zu früh zur Party aufkreuzen. Am nächsten Tag brachen Stefan und ich sehr früh auf und seitdem lag „Kärnten" auf meiner Liste möglicher Reiseziele noch deutlich hinter Sprockhövel und dem Industriegebiet Frechen. Aber ab und zu sollte man seine Vorurteile ja auf den Prüfstand stellen.

***

Apropos Stefan: Vielleicht sollte ich erst mal meine Reisebegleitung vorstellen. Diese Tour war ja in erster Linie keine Recherchefahrt, sondern ein stark verlängerter Familienausflug von meinem Mann, meinem Hund Bärbel und mir.

Stefan und ich waren mittlerweile fast 15 Jahre zusammen, sechs davon in einer Fernbeziehung, neun weitere mit sehr viel Pendelei und sehr wenig gemeinsamer Zeit. Eigentlich hatten wir noch nie mehr als vier Wochen am Stück zu zweit verbracht. Irgendwann fassten wir dann den Entschluss: „Wenn wir mal 65 sind, setzen wir uns in unser Wohnmobil und fahren kreuz und quer durch Europa." Diesen Plan trugen wir jahrelang vor uns her wie eine Möhre, die man einem Rennpferd vor die Nase hält. Und wir rannten hinterher.

2015 hatte Stefan dann einen Schlaganfall. Und plötzlich war alles anders. Denn obwohl er sich davon relativ schnell und gut erholte, fragten wir uns auf einmal: „Was, wenn wir gar keine 65 werden? Wenn wir nie bei der Möhre ankommen? Wenn vorher einer lahmt? Oder umkippt?" Das war der Moment, da wir beschlossen, den Plan von der Auszeit nicht mehr länger vor uns herzuschieben. Wir schrieben zahlreiche Mails, sprachen mit Kollegen, Agenten, Chefs, mit Freunden und Familie. Und je länger wir überlegten, um so sicherer waren wir uns: Wir machen das. Wir wollen sechs Monate lang raus aus allem. Sechs Monate lang nichts müssen. Die Möhre einfach sofort fressen. Und dann mal schauen, ob's vielleicht noch eine gibt.

Einen konkreten Plan hatten wir nicht. Vorbereitung gab's auch wenig. Wir starteten mit einem sechswöchigen Urlaub in Südamerika. Als wir zurückkamen, stiegen wir in unser Wohnmobil und fuhren los. Ich wusste nur: Ich möchte unbedingt mal wieder nach Griechenland. Alles andere sollte sich unterwegs ergeben.

Ich will nicht spoilern, aber: Es war die beste Entscheidung unseres Lebens.

***

„Europas naturbelassenstes Tal" – eigentlich war schon dieser Slogan Grund genug für unseren Schlenker ins Lesachtal. Einfach nur, weil ich wissen wollte, wie man denn „Naturbelassenheit" misst. Anzahl der Straßen? Qualität des Handynetzes? Schamhaardichte der Einwohner? Das Internet gibt jedenfalls keine Auskunft dazu. Für mich sah das Lesachtal auf den ersten Blick eben aus wie ein Tal – wenn man mal davon absieht, dass man einen wirklich spektakulären Bogen fahren muss, um überhaupt in diese gottverlassene Ecke Österreichs zu gelangen: über Zell am See Richtung Süden, dann an der Drau entlang Richtung Osten und bei

Kötschach wieder Richtung Westen, hinein ins Tal. Wenn ich ein international gesuchter Gangster wäre und mich irgendwo in Europa verstecken müsste: Das Lesachtal wäre meine erste Wahl.

Zu allererst möchte ich natürlich klären, was die Gegend hier denn mit den „James Bond"-Filmen verbindet. Willy, ein Biobauer und Fremdenführer, hinter dessen Hof wir mit unserem Wohnmobil Rast machen, gibt mir zum Glück gerne Auskunft: Im letzten „James Bond"-Abenteuer „Spectre" gibt es eine Szene, in der Daniel Craig mit einem Flugzeug in eine Almhütte rauscht. Und eben diese Hütte steht genau hier, im Lesachtal. Na ja: stand.

Wie sich solche Dreharbeiten mit der Naturbelassenheit des Tals vereinbaren lassen, kann Willy uns leider auch nicht erklären. „Europas naturbelassenstes Tal, es sei denn, James Bond fliegt gerade vorbei und zerbumst hier alles" war aber wohl zu lang für die Werbeflyer.

***

Drei Prozessionen. Es ist ein ganz normaler Montagabend in Kärnten und wir sind bereits an drei Prozessionen vorbeigefahren. Kilometer um Kilometer schrauben wir uns in diesem verlassenen Zipfel Österreichs die Serpentinen hoch, vorbei am Heilklimastollen Barbara und an Holzhütten, auf die ein mitteilungsbedürftiger Einheimischer mit Sprühfarbe „Rübezahl lebt!" geschrieben hat. Tatsächlich wäre ich nicht sonderlich überrascht, wenn der finstere Berggeist uns hier vor die Stoßstange hüpfen würde. Immer weiter schieben wir uns nach Westen, Richtung Liesing, immer höher in die Berge, zwischen die Wolken. Und immer wieder erschrecke ich, wenn hinter einer Kurve ein Trupp Gläubiger mit hochgerecktem Kruzifix und weihrauchschwenkenden Ministranten auftaucht. Ich könnte nicht mal sagen, welcher Feiertag gerade zelebriert wird. Vielleicht ist auch gar kein Feiertag und das ist einfach ein ganz normaler Abend in Kärnten. „Ui, schon 18 Uhr? Schnell, Sepp, hol die Monstranz!" Hier ist nun mal alles ein bisschen konservativer, katholischer. Wer in Kärnten drei Schritte in eine beliebige Himmelsrichtung geht, wird auf jeden Fall an einer Kapelle, einem Kruzifix oder einer aus den Augen blutenden Madonnenfigur vorbeikommen.

Als wir endlich am Ziel sind, legt der Katholizismus erst so richtig los: Abends sitzen wir in einer rustikalen Bauernwirtschaft unter dem Bild von Kardinal Ratzinger, der sich hier laut angehefetem Zeitungsartikel auch schon ein paar Kasnudeln gegönnt hat. Und später ist die erste Frage des Milchbauern in Obergail (manche Übernachtungsorte wählt man zugegebenermaßen nur wegen des Namens aus), der uns auf seinem Parkplatz übernachten lässt und skeptisch von oben bis unten mustert: „Seid's ihr ganz allein unterwegs? Ohne Frauen?"

„Haha, na ja … ähm … legen Sie doch erst mal die Mistgabel weg!"

Das wird eine spannende Zeit.

**

„Wandert von Obergail Richtung Hundstrichsee und kehrt unterwegs bei der Hütte ein", schreibt Mike M. weiter. *„Sensationelle Brotzeit und die Chefin ist DIE Kräuterfachfrau in der Gegend!"*

**

Meli bringt uns die dritte Maiwipferlschorle – ein Gebräu aus den jungen Trieben der Fichte, es schmeckt ein bisschen nach Erkältungsbad, aber süß und gleichzeitig erfrischend. Wir sitzen in der von Mike empfohlenen Hütte, die berühmte Kräuterhexe ist leider nicht da, dafür ihre Tochter Meli. Sie erzählt uns von dem gut bezahlten Job in der Verwaltung, den sie vor Kurzem hingeworfen hat, um möglichst viel zu reisen. Zwischendurch verdient sie Geld in dieser Gaststätte oder als Fremdenführerin bei Gruppenreisen in Kanada.

„Wer sind denn die anstrengendsten Gäste bei solchen Reisen?", frage ich.

Sie seufzt: „Pensionierte deutsche Lehrer."

Man hätte drauf kommen können.

„Warum genau?"

„Die wollen alles wissen. Wirklich ALLES. Wie hoch ist der Berg? Wie alt wird dieser Baum? Wie heißt dieser Farn? Und ich muss immer antworten."

„Respekt. Woher weißt du das alles?"

Sie lächelt: „Ich weiß nicht mal ein Drittel. Den Rest erfinde ich. In den kanadischen Bergen hat keiner von denen Internet. Wer soll's kontrollieren?" Lächelnd nimmt sie unsere Gläser. Dann packt sie uns für ein paar Euro einen Jausenrucksack und wir machen uns wieder auf den Weg.

Der Aufstieg ist anstrengend. Ich habe ganz vergessen, dass man sich auf Schwierigkeitsangaben bei österreichischen Wanderwegen nicht verlassen sollte. Ein Volk, das zur einen Hälfte aus sehr sportlichen Menschen und zur anderen Hälfte aus Extremsportlern besteht, kann einfach nicht so gut beurteilen, was wir Rheinland-Spazierer „anstrengend" finden.

Völlig erschöpft erreichen wir den Hundstrichsee mit seinem „Schwimmenden Jausentisch": einem Floß mit zwei Bierbänken und einem Tisch in der Mitte. Insgesamt eine wackelige Angelegenheit und unser Hund beschließt deshalb spontan, sich die Sache lieber vom Ufer aus anzuschauen. Wir dagegen lassen uns aufs Wasser hinaustreiben und packen die Brotzeit aus, die uns Meli in den Rucksack gepackt hat: Speck, Käse, Tomaten, frisches Brot, Quark, Pfefferbeißer, noch mehr Käse – das Extremsportlervolk scheint auch einen extremen Hunger zu haben.

Der Himmel zieht sich zu. Die ersten Regentropfen fallen auf die spiegelglatte Oberfläche des Sees und es wird urplötzlich kalt. In diesem Moment legen Stefan und ich eine Regel fest, an die wir uns in den nächsten vier Monaten eisern halten werden: „Egal was kommt: Sobald es regnet, ziehen wir weiter."

***

Moritz stellt zwei Bierbänke übereinander. Er ist seit zwei Tagen zurück von einem Cocktailkurs in Südafrika und baut sich jetzt eine improvisierte Theke, um am nächsten Tag in der Bauernhofwirtschaft seiner Eltern den Gästen ein paar Frozen Daiquiris zu mixen. Sein Vater Martin, der Milchbauer, der immer noch nicht zu verstehen scheint, warum zwei Männer ohne Frauen im Wohnmobil durch die Gegend fahren, unterstützt Moritz' Barkeeperpläne, wo es geht, denn er weiß, dass sein Sohn den Hof nicht übernehmen wird. Die Milchwirtschaft ist kein lohnendes Geschäft mehr:

„Ohne die Förderung der EU könnte ich den Laden sofort zumachen. Dann gäb's hier keine Kühe mehr, wir Bauern wären arbeitslos und um die Landschaft würde sich auch keiner kümmern. Würde mich mal interessieren, wie viele Touristen noch kämen, wenn man die Berge vor lauter Bäumen nicht mehr sähe."

Dann will mir Martin seinen „ganzen Stolz" zeigen und nimmt mich mit neben das Haus.

Ich erwarte einen Stall mit einer dralleutrigen Milchkuh. Oder eine Tochter mit drei bildhübschen Enkelkindern. Oder wenigstens ein Album mit Bildern von den Auftritten seiner Hardrock-Coverband.

Tatsächlich führt mich Martin zu einer Garage und öffnet das Tor. Sein ganzer Stolz, das ist ein nagelneuer Kleinwagen mit Elektroantrieb.

„Schafft 400 Kilometer mit einem Mal Laden. The future is now!", strahlt mich Martin an. Dann lädt er mich zum Abschied auf ein Glas Wein in seine Wirtschaft ein.

„Und bring deinen Mann mit!"

Hat er „Mann" gesagt? Man sollte die Leute hier wohl nicht unterschätzen.

***

Da mir zahlreiche Facebook-Follower den Wörthersee empfehlen, verlassen wir das Lesachtal Richtung Villach und werden bald Zeugen eines beeindruckenden Schauspiels: Wenn man das jährliche Kärntner GTI-Treffen mal verfilmen wollte, wäre „Männer, die auf Felgen starren" ein sehr passender Titel. Tausende junge Männer und ein paar über sich selbst erstaunte Frauen sitzen einmal im Jahr an den Straßen rund um den Wörthersee, warten darauf, dass ein aufgepimpter VW mit glänzenden Felgen an ihnen vorbeifährt, und vertreiben sich die Wartezeit mit Alkohol und noch mehr Alkohol. Es ist quasi wie Angeln, nur ohne Angel. Und ohne Fische. Und ohne Sinn.

Man kann sich also bessere Zeitpunkte für eine Nacht am Wörthersee aussuchen. Vor allem, wenn man campen will. Die halbe Nacht hören wir sehr laute und beeindruckend schlechte Musik von links und rechts. Und den Geräuschen nach zu urteilen, wird aus „Männern, die auf Felgen starren" ab zwei Uhr nachts „Männer, die in Büsche göbeln" und ab vier Uhr „Männer, die einen drolligen Versuch in Sachen Geschlechtsverkehr starten und auf halber Strecke einschlafen".

Mit nur halb geöffneten Augen sitzen wir am nächsten Morgen vor unserem Wohnmobil, genießen die Stille und unseren Kaffee. Die Campingplatzbesitzerin kommt vorbei, fischt mit einem Greifarm ein Kondom aus dem Kirschlorbeer und schaut uns bedauernd an. Sie deutet auf unsere komatös schlafenden felgenbegeisterten Nachbarn: „Die tun ja keinem was", seufzt sie schulterzuckend. „Aber die Hellsten sind die nicht."

Es wird Zeit, weiterzufahren.

2. DAS LEVERKUSEN EUROPAS

Soča-Tal, Piran (Slowenien)

Nico K. schreibt: „Wenn ihr von Kärnten aus Richtung Balkan unterwegs seid, solltet ihr unbedingt in Slowenien das Soča-Tal rund um Kobarid besuchen. Ein Stück Neuseeland mitten in Europa!"

***

Neuseeland in Europa – solche Sätze machen mich skeptisch. Und neugierig. Ich war zwar noch nie in Neuseeland, aber wir kennen ja alle die „Herr der Ringe"-Filme. Und, na ja, viel Ähnlichkeit zu den Landschaften dort habe ich in Europa noch nicht entdeckt. Natürlich gibt es hier schöne Flecken. Aber ein Auenland? Die Gärten Isengarts? Den Fluss Anduin? Ich wüsste nicht, wo. (Gut, Mordor könnte man natürlich jederzeit an einem verregneten Novemberabend in Wolfsburg nachstellen.) Slowenien stand aber sowieso schon lange auf unserer Liste möglicher Reiseziele und wir machen uns deshalb auf den Weg nach Kobarid.

Ich glaube, es gibt kein Mitglied der EU, von dem ich vor unserer Reise so wenig Ahnung hatte wie von Slowenien. Für mich war es jahrelang nur das Land, wo man halt durchmuss, wenn man nach Kroatien will. Ein bisschen wie Leverkusen, das immer im Weg rumsteht, wenn man nach Köln will. Deshalb wäre ich auch nie auf die Idee gekommen, Urlaub in Slowenien zu machen. Man verbringt ja auch kein Romantikwochenende auf dem Bayer-Gelände.

Ich bin aber nicht der Einzige, dem es so geht. Selbst mein schnell noch heruntergeladener Reiseführer beginnt mit dem Satz: „Lange Zeit kannte ich dieses grüne, dicht bewaldete Land nur von der Durchreise." Und durchgereist sind hier in den letzten Jahrtausenden so einige. Meistens, um sich unterwegs die Köpfe einzuschlagen: Kelten, Römer, Germanen, Österreicher, Deutsche, Italiener, sogar die Türken. Hätten die Slowenen von jedem, der ihr Land in kriegerischer Absicht durchquert hat, einen Euro verlangt, wären sie heute gemachte Leute.

Besonders eindringlich kann man das in der Gegend rund um Kobarid erfahren, einem kleinen Ort am Rande des Triglav-Nationalparks. Da kann man auf einem einstündigen Fußmarsch das gesamte Ausmaß des europäischen Kulturen-Gangbangs nacherleben: von spätantiken Siedlungsresten über eine Brücke aus Napoleons Zeiten bis zu Verteidigungslinien aus dem Ersten Weltkrieg. Wer dann noch Zweifel daran hat, dass wir gerade in verhältnismäßig angenehmen Zeiten leben, dem empfehle ich das Kobarid-Museum: Überall Waffen und Munition, die in den Bergen rund um oder auch mitten in Kobarid gefunden wurden. Daneben Hunderte Fotografien von Soldaten und ihrem Leben im Krieg, zwischen Heimweh und Todesangst. Man vergisst es ja oft: Die Völker Europas haben bis vor wenigen Jahrzehnten einen beachtlichen Prozentsatz ihrer Lebenszeit damit verbracht, andere Völker zu unterwerfen oder sich gegen Unterwerfer zu wehren. Da erscheint einem die heutige Generation, die ungefähr genauso viel Zeit damit verbringt, ihren „Candy Crush"-Highscore zu halten, plötzlich als deutlich pfiffiger.

***

Mit eingeklappten Außenspiegeln fahren wir über die viel zu enge Steinbrücke bei Tolmin und sehen zum ersten Mal den eigentlichen Grund unseres Slowenien-Abstechers: die Soča. Ein 140 Kilometer langer Fluss, der in den Julischen Alpen entspringt und sich durch die Täler Westsloweniens schlängelt, bis er schließlich in den Golf von Triest mündet. Das Spektakuläre daran ist die Farbe des Wassers: als hätte man ein paar Tonnen Gletschereisbonbons darin aufgelöst. Die Soča funkelt türkis bis hellgrün und ist so klar, dass man die Kieselsteine auf dem Grund zählen kann. Entsprechend viele Wassersportler und Camper zieht sie an, die dann entweder auf einem traditionellen Kanucampingplatz mit ihren nassen Neoprenanzügen die Stellplatzgrenzen markieren oder sich einen sympathisch hippiesken Aussteigerplatz suchen, auf dem es gar keine Stellplatzgrenzen gibt.

Wir entscheiden uns für Variante zwei und werden in Volarje direkt am Fluss fündig. Zwei riesige, schwarze Zottelhunde begrüßen uns und begraben Bärbel unter sich. Erst einige Minuten später schlurft Goran, der rund 50-jährige Besitzer, hinterher. Er trägt weite Leinenpluderhosen, hat sich aus einem Putzlappen einen Turban gebastelt und winkt uns mit einem zerfledderten Feudel freundlich zu. Übernachtungspreis nennt er uns keinen: „Das machen wir, wenn ihr fahrt."

Am Nachmittag bringen seine Anglerfreunde frischen Fisch, der für alle Gäste gegrillt wird. Aus verbeulten Lautsprechern scheppern Bob-Dylan-Songs, Weinkorken ploppen im Takt. Später am Abend wabert Nebel über das Ufer der Soča und die eine oder andere Graswolke über unseren Campingtisch.

Am nächsten Morgen schnappe ich mir Goran, der im Halbschlaf durch die Toilettenanlage feudelt, und bitte ihn um die Rechnung. Er blinzelt mich mit feuerroten Augen an: „Wie viele Tage wart ihr noch mal hier?" Kiffer sind in aller Regel ja sehr nette Menschen. Aber Geschäftsleute sind sie leider nicht.

***

Von den vielen sehr dummen Argumenten, die mich bisher davon abgehalten haben, Urlaub in Slowenien zu machen, war das mit der Sprache vielleicht das dümmste. „Da versteht mich doch keiner", dachte ich, „und ich verstehe auch keinen! Ist das überhaupt 'ne eigene Sprache, Slowenisch?"

Ja, ist es. Das ist aber vollkommen egal. Verständigungsschwierigkeiten muss in Slowenien niemand befürchten. Selbst siebzigjährige Fleischerei-Fachverkäuferinnen sprechen hier ein Englisch, das Günther Oettinger und Edmund Stoiber die Schamesröte ins Gesicht treiben würde. Das wiederum wäre den Slowenen unangenehm, denn Prahlen liegt nicht in ihrer Natur. „I speak a little bit English" heißt hier in etwa so viel wie: „Ich verstehe alles, kann mich auch ohne Probleme ausdrücken und könnte jederzeit einen hessischen Leistungskurs Englisch besuchen, ach, was sag ich: unterrichten!"

Viele sprechen sogar ein passables Deutsch, was von den zahlreichen österreichischen Touristen gnadenlos ausgenutzt wird. Liebe Slowenen, macht euch bitte keinen Kopf, wenn ihr den Franz und die Liesl nicht versteht, die in euren Biergärten hocken, ihr Glas heben und brüllen: „MochstmernoanGschpritzten!" Das muss man nicht verstehen. Das kann man ganz gepflegt wegignorieren!

Überhaupt: Die Menschen hier! Jeder Eisverkäufer, jeder Bäcker, jeder Polizist strahlt uns an, als hätten wir ihm gerade einen Erstgeborenen geschenkt. Ich habe in Slowenien nicht einen schlecht gelaunten Menschen erlebt. Die einzige schlecht gelaunte Slowenin, die ich kenne, lebt in den USA und heißt Melania Trump. Und die hat ja nun auch wirklich Grund dazu.

***

Apropos Politik: Wer die Welt verstehen will, sollte mal, wie wir, eine international besetzte Rafting-Tour buchen. Zwei Deutsche, ein Libanese, eine Slowenin, ein Araber, ein Amerikaner und ein ungarischer Guide in einem Boot – da kann man einiges lernen. Der Amerikaner setzt sich gleich mal nach vorne, da er, nach eigener Auskunft, „a very strong paddler" ist. Zwei Minuten später, nach der ersten Stromschnelle, liegt er im Wasser und wird vom Ungarn höflichst drei Plätze nach hinten komplimentiert. Als der Araber erfährt, dass wir aus Köln kommen, singt er uns voller Stolz die erste Strophe von „Viva Colonia" vor und lädt uns nach Ägypten ein. Der Libanese und die Slowenin retten unterdessen den Amerikaner, der sich auch auf seinem neuen Platz nicht lange gehalten hat. Irgendwie kommen wir trotzdem alle nach zwei Stunden heil am Ufer an, strahlen übers ganze Gesicht und verabreden uns anschließend zum Bier. Vielleicht sollten G7-Gipfel in Zukunft in einem Rafting-Boot abgehalten werden.

Nach der Bootsfahrt sitzt unser Guide Luca vor dem Büro des Tourveranstalters und liest WhatsApp-Nachrichten. Ich setze mich zu ihm, wir plaudern über Europa.

„Die EU ist schon 'ne gute Sache", meint Luca. „Ich habe nur Angst, dass die Traditionen und die Kultur der einzelnen Mitgliedsstaaten verloren gehen, weil die jungen Leute alle wegziehen. Da muss man was gegen tun!" Ich runzle die Stirn: „Ähm … du bist Ungar, oder?"

„Ja, wieso?"

„Ich dachte nur … Wir sind ja hier in Slowenien …" Luca will etwas erwidern, kommt dann aber ins Grübeln und widmet sich wieder seinem Smartphone.

Seine Kollegin setzt sich zu uns. Ich frage sie, wie Slowenen eigentlich über die EU denken. Sie winkt ab: „We are just a small country. We do what the other countries do."

Schade eigentlich. Von Slowenen könnten wir alle jede Menge lernen.

***

Sechs Tage sind wir nun schon im Soča-Tal und können uns einfach nicht losreißen. Vom Fluss, von den Bergen, von den Menschen. Jeden Morgen sitzen wir mit unserem dampfenden Kaffee vor dem Wohnmobil, beobachten, wie über den Ausläufern des Triglav-Gebirges langsam die Sonne aufgeht und wie sich der Morgennebel von der Wiese verzieht.

Die Familie neben uns bricht heute ihre Zelte ab. Marie, die vierjährige Tochter, kommt ein letztes Mal zu unserem Auto, um sich von Bärbel zu verabschieden. Dreimal streicht sie unserem Hund bedächtig über den Kopf, dann schlurft sie bedrückt zurück zu ihren Eltern.

„Ich will nicht heim", flüstert sie.

„Ach Maus", tröstet ihr Vater sie. „Weißt du: Wenn man nie heimfährt, kann man auch nicht wieder wegfahren!"

Marie wirkt nicht überzeugt.

„Wir sollten vielleicht auch allmählich mal weiterfahren, oder?", frage ich Stefan.

„Wir sollten gar nix", antwortet mein Mann.
Wir bleiben noch eine Nacht.

***

Henning F. schreibt: „Nachdem du ja die Superlative jagst (naturbelassenstes Tal und so): Fahr mal nach Postojna zur zweitgrößten für Touristen erschlossenen Tropfsteinhöhle der Welt!"

***

Drei Bissen – mehr schaffe ich nicht. Ich sitze in einem Café in Postojna und starre auf den Kuchen vor mir. „Kuchen" ist eigentlich schon das falsche Wort: Gibanica ist eine Art Käse-Nuss-Mohn-Apfel-Kuchen-Strudel. Also etwas für Menschen, die sich nicht so gern entscheiden. Und wirklich sehr, sehr viel Appetit haben.

Ich dagegen will mir nur die Zeit vertreiben, bis uns die 14-Uhr-Bahn in die Tropfsteinhöhlen von Postojna bringt. Mit dem Vivarium, einer Art Höhlenzoo nebenan, waren wir nämlich schnell fertig. Dort soll man angeblich einige seltene Höhlentiere zu sehen bekommen, unter anderem den legendären Grottenolm. Der sieht ein bisschen aus wie die Klebetiere, die südeuropäische Straßenverkäufer in Touristenzentren nachts an Schaufensterscheiben schmeißen und herunterklettern lassen.

Proteus anguinus, so die Fachbezeichnung, kommt jahrelang ohne Nahrung aus, ist fast blind, hat dafür ein ausgeprägtes Gleichgewichts- und Hörorgan und verbringt seine rund 100 Jahre Lebenszeit am liebsten in vollkommener Dunkelheit. Und da haben wir auch schon das Problem: Dunkelheit. Proteus anguinus versteckt sich gern. Vor seinen tierischen Feinden, vor Lichtquellen und vor allem: vor Menschen. Wir haben jedenfalls keinen einzigen Olm gesehen. Das Vivarium ist deshalb eher ein Ausstellungsraum für verschieden große, sparsam beleuchtete Glaskästen. Oder ein Zoo für Menschen, die keine Tiere mögen.

Als es endlich Zeit für unsere Besichtigungstour ist, merken wir schnell: Die Tropfsteinhöhle macht alles wett. Ein über 20 Kilometer langes Wegenetz, das man zum Teil mit einem Zug befährt (elektrobetrieben, da irgendwann ein schlauer Mensch gemerkt hat, dass Dieselgase, geschlossene Räume und menschliche Lungen keine gute Kombination sind). Unterschiedlichste Höhlen, die nach Farbe und Form ihrer Tropfsteine benannt sind (wer im „Spaghettisaal" keine Lust verspürt, mal mit erhobener Hand an der Decke entlangzustreifen und sich 'ne Portion Pasta zu pflücken, hat einfach keine Fantasie). Und es gibt sogar ein „Konzertsaal" genanntes, riesiges Gewölbe, in dem regelmäßig klassische Musikwerke aufgeführt werden. Mit offenem Mund wandere ich die feuchten Wege entlang, überquere die „Russische Brücke", die im Ersten Weltkrieg von Kriegsgefangenen gebaut wurde, und bleibe lange vor dem „Brillanten" stehen, dem fast fünf Meter hohen, weiß schimmernden Wahrzeichen der Postojnska Jama.

Nach einer Stunde mache ich mich wieder in die gut 20 Grad wärmere Außenwelt auf und weiß: Ab jetzt kann ich mir alle weiteren Tropfsteinhöhlen der Welt sparen. Wer schon mal bei Witzigmann gegessen hat, sagt ja auch nicht: „Alles gut und schön, aber jetzt muss ich zum Vergleich unbedingt noch die neuen Bistro-Baguettes von Dr. Oetker probieren."

***

Lena R. schreibt: „Slowenien hat die kürzeste Adriaküste der EU: gerade mal 40 Kilometer! Ich empfehle die kleine romantische Hafenstadt Piran ..."

***

„Warum haben wir eigentlich nicht viel früher mal Urlaub in Slowenien gemacht?", frage ich Stefan. Wir sitzen auf der Außenterrasse eines Fischrestaurants in Piran. Unser Wohnmobil parkt auf einem Stellplatz vor den Toren der Stadt, direkt neben der erstaunlich schlecht besuchten Tauchschule „Sharky". (Na gut, eigentlich ist es nicht ganz so erstaunlich. Es gibt ja auch keine Reederei „Titanic" oder eine Bungee-Jumping-Agentur „Loose End".) Ein Fußweg führt am Meer entlang in die venezianisch geprägte Hafenstadt, die auf dem äußersten Zipfel einer Landzunge ins Wasser ragt.

„Manchmal ist man einfach blind", meint Stefan. „Man ist blind und scheu und bleibt lieber in seiner gewohnten Umgebung."

„Ja", sage ich und nippe an meinem slowenischen Malvasier. „Sagen wir's, wie es ist: Manchmal sind wir Grottenolme."

3. SEEIGEL AN SCHLACKERNDEM GEMÄCHT

Istrien, Krk (Kroatien)

Marianne R. schreibt: „Wie viele Tipps zu Kroatien brauchst du? Wandern im Velebit, Plitvicer Seen, die Küstenstädte Poreč, Pula, Zadar, Trogir, Split … Überall kannst du schwimmen, segeln, radfahren, wandern, klettern, Natur und Kultur bestaunen und vor allem: lecker essen und trinken!"

***

Zu keinem anderen Land bekamen wir so viele Tipps wie zu Kroatien. Kein Wunder: 1700 Kilometer Adriaküste kann man schlecht verstecken und sie blieben nach dem Zerfall Jugoslawiens nicht lange ein Geheimtipp. Auch Stefan und mir ging es diesmal eher darum, Ecken zu finden, die wir noch nicht in- und auswendig kannten. Vor einigen Jahren, in einem besonders verregneten April, hatten wir uns nämlich, gefrustet vom ewigen Kölner Grau, kurze Hosen und Flipflops angezogen, das Wohnmobil beladen und beschlossen: „Wir fahren jetzt so lange, bis das Wetter zu unseren Klamotten passt." 14 Stunden später waren wir zum ersten Mal in Kroatien – und kamen immer wieder.

Gerade Istrien, die Halbinsel im Norden, eingebettet zwischen Kvarner Bucht und Golf von Triest, ist ein ganz schön perfektes Fleckchen Erde: Weinberge, Olivenbäume, dazwischen blüht der Klatschmohn, der Himmel ist geradezu augenkniepig blau und das Meer hat mehr Türkis-Schattierungen als die Sommergarderobe Düsseldorfer Charity-Ladys. An der Straße überall kleine Verkaufsstände mit Honig (Imker verkaufen ihre Produkte hier direkt neben den Bienenstöcken – quasi ein Honig-Outlet) und Automechaniker, die mit meinem kroatischen Lieblingswort auf ihre Dienste an der Abgasanlage hinweisen: „Auspuh!" Ab dem späten Vormittag drehen sich an den Landstraßen zahllose Spanferkel über offenen Feuerstellen und überziehen die Halbinsel mit einer würzigen Bratenduftwolke. Istrische Städte dagegen locken mit venezianischer Architektur und römischen Überbleibseln – es ist quasi Italien ohne Italiener. Für eher italo-skeptische Menschen wie mich eine sehr verlockende Vorstellung.

Zu viel Abwechslung sollte man allerdings nicht erwarten: Eigentlich sehen alle istrischen Städte gleich aus. Hügel aufschütten, Kirche obendrauf, Häuser außen rum, fertig. Egal ob Pula, Rovinj oder Poreč: jedes Mal ein Hügel, eine Kirche, Häuser außen rum. Das klingt erst mal etwas eintönig. Wenn man mich andererseits fragen würde: „Wie sieht für dich der perfekte Urlaubsort aus?", würde ich vermutlich genau so eine Stadt malen.

Hinzu kommt: Ich wohne in Köln. Da ist man architektonisch ziemlich leicht zu begeistern.

***

„Camp Valalta?"
„Nackig."
„Camp Ulika?"
„Nackig."
„Camp Plaza?"
„Nackig und Apartments."
„Also 'n Swingerclub?"
„Könnte sein."
Stefan und ich schauen uns ratlos an. Unsere Suche

nach einem Campingplatz in Istrien dauert länger als gedacht, denn es ist überraschenderweise nicht ganz einfach, einen zu finden, auf dem man die Hose mal anbehalten darf. FKK ist hier ein großes Ding (haha, „großes Ding!" ... Verzeihung) – offenbar ein Relikt aus der sozialistischen Vergangenheit. In der DDR waren ja auch 40 Jahre lang alle nackt.

Gegen unbehostes Schwimmen habe ich gar nichts einzuwenden – Fische wollen schließlich auch mal was zu lachen haben. Aber auf so einem Campingplatz macht man ja noch andere Sachen, und die Vorstellung, mich im FKK-Supermarkt mit schlackerndem Gemächt nach den Frosties zu strecken, überzeugt mich nicht richtig. (Andererseits spiele ich seit Jahren mit dem Gedanken, dem Heidi-Klum-Juror, mit dem ich ständig verwechselt werde, eins auszuwischen, indem ich auf einem FKK-Platz übernachte, am gesamten Unterhaltungsprogramm teilnehme und dann auf die BILD-Überschrift warte: „Peyman Amin: Beim Nackt-Volleyball pritscht er auch untenrum!")

Aufgrund zahlreicher Facebook-Tipps entscheiden wir uns schließlich für einen Platz in der Nähe von Poreč, der drittgrößten Stadt Istriens, an dem es zwar einen Nacktbadestrand gibt, die äußeren Geschlechtsmerkmale sonst aber Ausgangssperre haben. Leider bemerken wir gleich den zweiten Nachteil kroatischer Campingplätze: Im Gegensatz zu Slowenien ist man hier nie wirklich allein. Eigentlich sind es gar keine Campingplätze, sondern Kleinstädte aus Wohnwagen und -mobilen. Noch dazu sind die meisten mittlerweile ordentlich durchteutonisiert und versprühen einen jägerzaunig-gartenzwergigen Charme.

Hier fahren der Horst und die Anneliese aus Herzogenaurach morgens mit dem Leiterwägelchen die prall gefüllte Campingtoilette zur Entsorgungsstelle, bestellen danach bei der deutschen Bäckerei ihre „fünf Brödla, aber fei ned so dunkel" und unterweisen dich auf dem Rückweg noch im Themengebiet „Korrekte Mülltrennung". Kroaten trifft man hier jedenfalls keine. Und wenn, sind es Angestellte, die den ganzen Tag nichts anderes machen, als durch ein und dasselbe Toilettenhäuschen zu feudeln, da sich die deutschen Campinggäste sonst bei holidaycheck.de beschweren.

Wer also gerne campen geht, aber nicht auf den Luxus eines 4-Sterne-Hotels verzichten will, sich am liebsten ausschließlich in seiner Muttersprache unterhält und die Natur gerne ein bisschen auf Distanz hält, ist auf istrischen Campingplätzen sehr gut aufgehoben. Ich dagegen sehne mich plötzlich sehr nach einem abgeranzten, slowenischen Hippiecamp.

***

„Meinste, wir finden was, wo sie den Fisch ohne Kopf servieren?", fragt Stefan, während wir durch die Altstadt von Poreč schlendern, vorbei an der Euphrasius-Basilika aus dem 6. Jahrhundert, und nach einem Restaurant suchen.
„Bestimmt."
„Und auch ohne Schwanz?"
„Klar."
Ich klinge deutlich überzeugter, als ich es bin. In Kroatien wird Fisch fast immer im Ganzen gegrillt und serviert – für Stefan, der sich mehr oder weniger vegetarisch ernährt und nur deshalb Fisch isst, weil er die Restaurantsuche nicht unnötig erschweren möchte, eine ziemliche Herausforderung.
„Und meinste, wir finden auch was, wo es keinen Mangold gibt?"
„Okay, jetzt wirst du unrealistisch!"

Das haben wir schon in unserem ersten Istrien-Urlaub gelernt: Die kroatische Küche besteht zu 90 Prozent aus Ganzkörperfisch und Mangold. Eine Kombination, die ich nie verstehen werde. Ausgerechnet Mangold! Dieses muffig-dumpfe Erdgemüse, das in Sachen „Sommer-Sexiness" für mich ganz kurz hinterm Grünkohl rangiert, landet hier in Istrien, bei 35 Grad im Schatten, lauem Sommerlüftchen und funkelndem Mittelmeer fast täglich auf dem Teller. Meistens vermischt mit zwei Pfund Kartoffeln, damit's auch ja nicht zu leicht wird.

Wir geben die Hoffnung aber nicht auf, spazieren um den erstaunlich einfallslos benannten Runden Turm, eines der letzten Überbleibsel der mittelalterlichen Stadtbefestigung Porečs, und finden endlich ein Restaurant mit einer sehr vielversprechenden Karte.

„Guck mal", juble ich, „die haben Fischcarpaccio. Da wird ja wohl weder Kopf noch Schwanz dran sein!"

Sagen wir es so: Ich hatte halb recht. Natürlich besteht das Carpaccio ausschließlich aus hauchdünnen Scheiben frischen Fischs. Was ich allerdings nicht ahnen konnte: Es wird von der rustikalen Küchenchefin direkt am Tisch zubereitet. Da steht sie also, mit einem fangfrischen Fisch in der Hand, präsentiert ihn stolz meinem Mann und mir, zerlegt ihn dann fachmännisch, hackt beherzt den Kopf ab, entfernt mit einem gekonnten Schnitt Innereien und Schwanz – und ich sehe, wie Stefans Gesichtsfarbe allmählich weißer wird als die getünchte Außenwand des Restaurants.

„Immerhin", versuche ich die Situation zu retten und mache eine weitschweifige Geste über alle Tische, „weit und breit kein Mangold."

Stefan verabschiedet sich auf die Toilette.

***

Daniela S. schreibt: „Wir sind bis zum Sonntag in unserem Haus auf Krk. Wollt ihr nicht ein paar Tage vorbeikommen?"

***

Wir bekamen unterwegs wirklich sehr viele private Einladungen und – ich sag's lieber gleich – wir haben nahezu keine davon angenommen. Ich bin einfach ein fränkischer Sozialnerd, der sich mit dem Gedanken schwertut, bei wildfremden Menschen auf der Terrasse zu sitzen und pfiffigen Smalltalk aus den urlaubsmüden Hirnwindungen zu quetschen. Wer mich glücklich machen will, setzt mich mit einem Buch und einem Kaffee vors Wohnmobil – da hört man von mir bis zum Wintereinbruch nichts mehr. Und wenn man mir ab und zu noch einen Meisenknödel raushängt, halte ich bis zum Mai durch. Mein Mann weiß das und kann damit umgehen, bei Fremden sorgt das dagegen manchmal für Irritationen. Deshalb, liebe Einlader: Vielen Dank für eure unglaubliche Freundlichkeit. Ich weiß, ihr habt es alle wahnsinnig gut gemeint, und ich hoffe, ihr habt mir meine Absagen nicht übel genommen. Aber glaubt mir, es war besser so. Wahrscheinlich hattet ihr gar keine Meisenknödel.

Eigentlich haben wir nur eine einzige Einladung angenommen, nämlich die von Daniela S. Das hat aber auch einen einfachen Grund: Sie ist meine Cousine.

Wir fahren also von Poreč Richtung Krk-Brücke und mir fällt wieder ein, was ich dachte, als wir die Krčki Most vor zehn Jahren zum ersten Mal überquerten: „Aha, Urlaub aufm Schutthaufen!" An ihrem nördlichsten Zipfel präsentiert sich die Insel nämlich nicht gerade von ihrer schönsten Seite: Alles wirkt karg und steinig, es bläst ein ordentlicher Wind und man will eigentlich sofort wieder umdrehen. Im Hinterland wird es dann aber sehr schnell deutlich grüner, überall blühen Bäume und Büsche und in den Dörfern scheint die Zeit stehen geblieben zu sein: Man geht morgens gemeinsam in die Kirche, am Nachmittag treffen sich die Frauen im Café und am Abend die Männer in der Kneipe. Alte Damen füttern streunende Katzen mit den Suppenknochen vom Vortag, irgendwo singt immer irgendjemand, während jemand anders dazu auf der Gitarre herumzupft, und am Abend versammelt sich die Dorfjugend zum Baden am Strand.

Apropos: Schwimmer, kommst du nach Kroatien, vergiss die Schwimmschuhe nicht! Die sind zwar, was den Coolness-Faktor angeht, quasi der Fahrradhelm des Wassersportlers und vernichten in Sekundenschnelle jede Street- beziehungsweise Korallen-Credibility, aber die kroatischen Piksekiesstrände sind nur was für Hornhaut ab drei Zentimetern Dicke. Außerdem: So ein Seeigel im Fuß ersetzt zwar den Massageball, macht aber auch jegliche weiteren Urlaubspläne in Sekundenschnelle zunichte.

***

Wir sitzen mit meiner Cousine und ihrem Mann Klaus auf einer Restaurantterrasse in Vrbnik und trinken Zlahtina, den traditionellen Wein der Region. (Übrigens: Wer den Satz „Ich bin auf Krk und trinke Zlahtina aus Vrbnik" fehlerfrei sagen kann, hat in Sachen „kroatische Aussprache" das Gröbste schon hinter sich.) Die beiden wohnen eigentlich in der Nähe von Bayreuth und schaffen es nur zweimal im Jahr in ihr kleines, mit viel Herzblut renoviertes Ferienhäuschen.

„Lohnt sich das denn?", frage ich. „Ein Ferienhaus auf Krk, wo ihr doch so selten hier seid?"

Meine Cousine lächelt und deutet um sich: auf den Dorfplatz, die engen Gassen, in denen man sich wunderbar verlaufen kann, und auf das Meer am Horizont. „Schau dich mal um", sagt sie. „Und dann stell die Frage einfach noch mal."

Der Kellner kommt und Klaus ergreift die Initiative: „Markus, Stefan, ihr müsst den Krautsalat bestellen. Ist 'ne Spezialität hier. Ich weiß nicht, wie die den anmachen, aber: legendär!"

Mit kulinarischen Spezialitäten kriegt man mich ja immer und deshalb bestelle ich natürlich sofort die Kraut-Legende. Zusammen mit frischen Muscheln, Pasta und sehr viel Fisch.

Während wir warten, erzählt Klaus, der selbst Arzt ist, von seinem Kollegen hier in Vrbnik: „Der macht seinen Laden nur zweimal die Woche auf. Kein Wunder. Bei dem Wetter hat einfach niemand Lust, krank zu werden!"

Der Kellner bringt den Krautsalat. Es ist gehobelter Weißkohl mit ein paar Spritzern Zitronensaft. Sonst nichts.

„Äh … Klaus …?"

„Ah, du hast ihn auch bestellt. Sehr gute Wahl!"

Klaus schaufelt sich eine Gabel des trockenen Weißkohlgestrüpps in den Mund. Ich zucke die Schulter. Kann halt nicht alles geil sein.

Andererseits: Mit ordentlich Zlahtina geht's. Glücklich, satt und angetüddelt legen wir uns in unser Wohnmobil.

***

Klaus schreibt: „Lasst uns morgen nach Stara Baška fahren! Altes Fischerdorf aus dem 14. Jahrhundert und die schönsten Strände auf ganz Krk!"

***

Wir hängen in den Seilen. Nach dem Abend in Vrbnik sind wir morgens weitergefahren und stehen jetzt auf einem Campingplatz vor Stara Baška. Hier hat es erst Stefan zerlegt, dann mich. Nichts geht mehr. Sollte sich schon mal jemand gefragt haben, was die angenehmste Temperatur für eine Magen-Darm-Grippe ist: 37 Grad im Schatten sind es nicht. Da kann das Meer vor Krk noch so verlockend funkeln – mit Schmarrn im Darm ist alles doof. Und falls sich derjenige dann auch noch gefragt hat, was die beste Umgebung zum Auskurieren einer Darmgrippe ist: Ein Wohnmobil ist es ebenfalls nicht.

Man gammelt vor sich hin, kann sich nicht aufraffen aufzustehen, will aber auch nicht liegen bleiben, weil es heiß und stickig ist und einen im Minutentakt Stechmücken malträtieren. Zum ersten Mal seit Wochen wünsche ich mir einen verregneten Kölner Apriltag und meine Couch herbei. Leider gibt es hier, im Süden Krks, keinen Regen, noch nicht mal Wolken oder sonst irgendeine Aussicht auf Schatten: Die Landschaft ist karg, die Sonne brennt unerbittlich und überall suchen Menschen ein bisschen Abkühlung im Wasser. Doch obwohl unser Wohnmobil nur zehn Meter Luftlinie vom Meer entfernt steht, haben wir keine Lust zum Planschen.

Wir sitzen vor unserem Auto, mümmeln TUC-Cracker, trinken Cola und wünschen uns nichts mehr, als einfach mal wieder ein bisschen Nahrung bei uns zu behalten. War's das Weißkraut? Waren's die Muscheln? Ist es ein Virus? Wir wissen es nicht. Aber selbst wenn wir es wüssten – wir könnten sowieso nichts anderes machen als sitzen und mümmeln und in regelmäßigen Abständen die Tabletten einwerfen, die uns Klaus auf den Campingplatz gebracht hat.

Einziges Entertainment: In der Reihe vor uns, der „Premiumreihe" mit direktem Blick aufs Meer, bauen sich gerade zwei Pärchen aus Euskirchen auf, die sich bei der Auswahl ihres Reiseequipments wohl für die Variante „Einmal alles!" entschieden haben: Hymer-Riesenmobile, Vorzelte, Partyzelte, Sitzbänke, Sonnensegel, Gasgrill, ja sogar eine transportable Hollywoodschaukel. Am Ende des Tages sieht es aus wie im Ausstellungsraum eines Campingausstatters – nur ohne die Preisschilder. Das kommt dann wohl dabei raus, wenn sich jemand denkt: „Los, wir gehen campen – wie können wir es trotzdem schaffen, nie das Gefühl zu haben, in der freien Natur zu sein?"

***

Am nächsten Tag erkundigen sich meine Eltern per WhatsApp nach uns. Ich muss mich sehr zusammenreißen, um ihnen nichts von der Darmverstimmung zu erzählen. Wir hatten mal eine ähnliche Situation im Australien-Urlaub: Ich hatte meinen Eltern von unseren Beschwerden erzählt, aber eigentlich nur als kleine Randnotiz zu unseren Besuchen in atemberaubenden Nationalparks, an spektakulären Wasserfällen und der Great Ocean Road. Trotzdem ist dieser Urlaub im Gedächtnis meiner Eltern ausschließlich als „der, wo ihr doch so krank geworden seid!" hängen geblieben. Seufz.

Als ich antworte, dass es uns gut geht, ist das noch nicht mal gelogen, denn zum Glück fühlen wir uns beide inzwischen besser. Unzählige Follower empfehlen mir Zadar, Split, die gesamte Adriaküste bis nach Dubrovnik. Es ist mittlerweile Anfang Juni und da die Temperaturen immer mehr Richtung 40-Grad-Marke klettern, wir ja unbedingt nach Griechenland wollen und einen zwölf Jahre alten Hund dabei haben, der Hitze nicht mehr ganz so fluffig wegsteckt, wissen wir: Wenn wir den Süden sehen wollen, müssen wir jetzt schnell sein. Wir brechen also auf. Als wir über die Krčki Most zurück aufs Festland fahren, schaue ich noch mal in den Rückspiegel. Krk ist schon ein wirklich hübscher Schutthaufen.

4. EIN PROBLEM NAMENS BÄRBEL

Dalmatien (Kroatien)

Veronika M. schreibt: „Ich fand die kleine Stadt Senj mit der Festung Nehaj toll! Kennt man aus der 70er-Jahre-Serie ‚Die Rote Zora und ihre Bande'."

***

„Filmreife Landschaften" – das klingt immer so großspurig. Hier ist es dagegen eine schlichte Tatsache. Wer über 40 ist, kennt zum Beispiel einen kroatischen Nationalpark garantiert, auch wenn er noch nie da war: die Plitvicer Seen. Dort wurde ein Pflichtfilm unserer Jugend gedreht: „Der Schatz im Silbersee". Die Landschaft außen rum ist schroff und karg wie der Wilde Westen (oder das, was wir Europäer uns darunter vorstellen) und die Seen selbst bilden eine magisch grünblaue Kulisse für Schatzhebungen aller Art. Noch heute gibt es ganze Reisegruppen, die mit speziell konzipierten Reiseführern auf den Spuren Winnetous durch Kroatien pilgern.

Wir dagegen lassen die Plitvicer Seen diesmal links liegen, weil wir uns schon vor zehn Jahren auf den engen Holzstegen durch den Park geschoben haben. Mehr als „schieben" geht dort wirklich nicht: Die Bewegungsfreiheit ist aus Naturschutzgründen stark eingeschränkt und ab zehn Uhr morgens tummeln sich so viele Touristen in dem Park, dass man langsamer vorankommt als am Kuchenbuffet im Seniorenheim.

Auch Senj kennen wir schon und überspringen deshalb die kleine Stadt, deren kulturelles Erbe etwas weniger bekannt ist: Der deutsche Autor Kurt Held wurde hier vor dem Zweiten Weltkrieg zu seinem Jugendroman „Die Rote Zora und ihre Bande" inspiriert, 30 Jahre später wurde sein Buch vor Ort verfilmt und bis heute denken viele aus unserer Generation sofort an ein rothaariges Mädchen und seine verlotterten Freunde, wenn sie die wie aus einem Sandförmchen gedrückte, sehr würfelige Burg Nehaj sehen. Ich dagegen denke bei Senj bis heute nur an sehr starke Kopfschmerzen und leichte Übelkeit. Als wir die Burg vor zehn Jahren besuchten, blieb Stefan mit Bärbel vor dem Gemäuer stehen. Ich kletterte die Stufen nach oben, winkte den beiden von den Zinnen aus zu und das Nächste, was Stefan hörte, waren erst ein kleiner und dann ein deutlich größerer dumpfer Schlag, da ich mit der Stirn gegen einen mittelalterlichen Torbogen gedonnert und anschließend einfach nach hinten umgefallen war. (Bei meiner bescheidenen Körpergröße! Das muss man erst mal schaffen!) Die nächsten beiden Tage lag ich mit einer leichten Gehirnerschütterung im Bett unseres Wohnmobils.

Falls jetzt jemand denkt: „Der Barth, der verbringt aber einen ganz schön großen Teil seiner Kroatien-Reisen in der Horizontalen!" – dann hat er leider recht.

***

„Sind Albanien und Montenegro eigentlich in der EU?"

„Nicht dass ich wüsste."

„Dann haben wir ein Problem."

Stefan sitzt auf dem Beifahrersitz und zeigt mir die große Europakarte auf seinem Schoß, während ich uns an der Küste entlang Richtung Süden fahre.

„Um auf dem Landweg nach Griechenland zu kommen, müssen wir durch Albanien und Montenegro. Wir haben für Bärbel aber nur einen europäischen Heimtierausweis – der gilt ausschließlich in der EU."

Ich schaue meinen Mann ein bisschen ratlos an: „Kontrollieren die das?"

Stefan recherchiert auf seinem Smartphone: „Manchmal ja, manchmal nein. Gibt ein paar Horrorstorys im Netz."

„Okay, dann fahren wir erst mal bis Dubrovnik und sehen dann, wie's weitergeht."

Stefan nickt. Dann schaut er wieder auf seine Landkarte: „Ist Bosnien eigentlich in der EU?"

„Ich glaube nicht."

„Dann haben wir noch ein Problem."

Er zeigt mir die Karte: Um nach Dubrovnik zu gelangen, muss man durch den Neum-Korridor – einen circa zehn Kilometer langen Küstenstreifen, der im 17. Jahrhundert geschaffen wurde, um den Osmanen Zugang zum Meer zu verschaffen, und der heute zu Bosnien gehört.

„Fuck." Mehr fällt mir dazu nicht ein. Das einzige unverhandelbare Ziel, das ich mir vor der Reise gesetzt hatte, war Griechenland. Alles andere war mir egal, aber nach Griechenland wollte ich unbedingt. Sollte ausgerechnet das die schwierigste Aufgabe werden?

***

Svetlana R. schreibt: „Schaut euch unbedingt die historische Altstadt und die Meeresorgel von Zadar an! Die Wellen spielen die Musik – du hörst quasi das Wasser singen!"

***

„Huuuuuuuuuuuu!"

„Es ist mehr so ein Stöhnen, oder?"

„Ja, Stöhnen … Seufzen … Hat auch was von Walgesängen."

„Huuuuuuuuuuuu Huuuuuuuuu!"

„Aber ein Wal mit schlimmen Verdauungsproblemen."

„Japp. Vielleicht hatte der auch Vrbniker Weißkohlsalat!"

Stefan und ich sitzen an der Meeresorgel von Zadar und lauschen den Klängen des Open-Air-Instruments. Genau genommen sitzen wir auf der Orgel: Sie ist ein Ausläufer der Uferpromenade, man sitzt auf Treppen, die Wellen spülen unter den Stufen Wasser in Röhren und erzeugen dabei ein lang gezogenes „Huuuuuuu!" in verschiedenen Tonhöhen.

Das ist ganz putzig, aber ein bisschen überlege ich schon, ob sich die Anreise wirklich gelohnt hat. Unser Wohnmobil steht auf einem eher unattraktiven Platz vor den Toren der Stadt, wo Hunde noch dazu verboten sind und auf den wir Bärbel deshalb nur nach langen Diskussionen mit den Platzbetreibern bringen konnten. Den Weg in die Innenstadt mussten wir zu Fuß zurücklegen, denn in kroatischen Bussen sind Hunde ebenfalls nicht erlaubt. Jetzt liegt Bärbel hechelnd zu meinen Füßen, die Hitze und der Fußweg haben ihr sehr zu schaffen gemacht. Das kleine Problem namens Bärbel wird mittlerweile zu einem deutlich größeren.

Ich werde aus meinen Gedanken gerissen, denn plötzlich tauchen vier Militärflugzeuge über uns am Himmel auf, ziehen Schleifen, fliegen Loopings und reihen einen Stunt an den nächsten. Ich schaue fasziniert nach oben. Okay, denke ich, hat sich ja doch gelohnt.

„Können wir gehen?", höre ich da Stefan fragen.

„Warum? Wird doch gerade spannend!"

Stefan sieht nicht so glücklich aus: „Ich bin in den 80er-Jahren 50 Kilometer neben der Rammstein Air Base aufgewachsen. Ich fürchte, ich habe ein anderes Verhältnis zu Flugschauen als du."

***

Als Stefan mir vor zwölf Jahren Bärbel schenkte, waren wir schon die dritten Besitzer. Die beiden vor uns waren nämlich vollkommen überfordert mit dem, wie wohlwollende Hundefans es wohl nennen würden, „kleinen Wirbelwind", der Bärbel damals noch war. Den ganzen Tag sprang sie über Tisch und Stuhl und Bett, zerlegte alles, was ihr zwischen die Zähne kam, sobald man sie von der Leine machte, verschwand sie in irgendwelchen Kaninchenbauen und wenn wir sie allein in der Wohnung ließen, machte sie sofort Terror. Statt „Wirbelwind" etablierte sich damals bei uns ziemlich schnell der Spitzname „Bärbel bin Laden".

Mit sehr viel Geduld und noch mehr Hundeschulkursen hat sich Bärbel im Laufe der Jahre zu einem ziemlichen Traumhund entwickelt: Sie reist überall mit uns hin, versteht sich mit Hunden, Menschen, Kindern (und hasst Katzen, was sie mir fast noch sympathischer macht) und kann ohne Probleme allein bleiben – auch im Wohnmobil. Nur so einmal im Monat bekommt Bärbel ihre berüchtigten „dollen fünf Minuten" und vergisst kurz alles, was wir ihr jemals beigebracht haben. Es ist, als wolle sie uns ab und zu sagen: „Nur damit ihr euch nicht zu sicher fühlt: Ich kann auch GANZ anders!"

Das alles geht mir durch den Kopf, als ich mit unserem Wohnmobil auf dem Parkplatz eines Baumarkts vor den Toren Zadars stehe. Stefan ist im Geschäft und kauft uns ein neues Fliegengitter, um es an unseren rückwärtigen Fenstern anzubringen. Bärbel hatte nämlich am Tag zuvor, als wir sie eine halbe Stunde auf dem Campingplatz im Wohnmobil ließen, um Lebensmittel einzukaufen, trotz bester Kühlung und Belüftung (es war acht Uhr morgens und hatte noch nicht mal 20 Grad), trotz Wassernapf, Spielzeug und Kaustange beschlossen, dass sie auf gar keinen Fall auch nur eine Sekunde allein bleiben will. Deshalb hat sie erst die halbe Nachbarschaft zusammengebellt, ist dann aufs Bett gehüpft, hat sämtliche Kissen und zum Abschluss noch unsere Jalousie samt Fliegengitter zerfleddert. Dann hat sie sich wieder auf ihren Platz gelegt und uns bei unserer Rückkehr mit einem völlig entspannten „Was hier passiert ist? Ach so, passt auf … ganz lustige Geschichte"-Blick begrüßt.

Hach. Hunde. Man bekommt ja so viel zurück!

***

Marvin H. schreibt: „Krka-Nationalpark! Du warst nicht in Kroatien, wenn du nicht in dieser Menschensuppe gebadet hast!"

***

Ich liege in der Menschensuppe. Gesicht in die Sonne, Füße voraus, die Schwimmschuhe spitzen aus dem Wasser. Hinter mir rauscht einer der schönsten Wasserfälle, die ich jemals gesehen habe. Um mich herum schwimmen, tauchen und brüllen unzählige Touristen aus allen Ecken der Welt. Wir haben uns gerade eine Stunde lang auf engen Stegen in einer Touristenpolonaise durch den Krka-Nationalpark geschoben – im Grunde also genauso wie bei den Plitvicer Seen, nur mit mehr Wasser-Action. Es ging vorbei an urwaldähnlicher Vegetation, an Tümpeln mit schillernden Fischen und Schmetterlingen, bis hin zum Skradisnki Buk, dem größten Wasserfall des

Parks, der über 17 Stufen 45 Meter nach unten rauscht. Jetzt genieße ich die Abkühlung. Es ist wieder ordentlich warm und allmählich komme ich ins Grübeln, ob unsere Griechenland-Reisepläne im bevorstehenden Hochsommer überhaupt machbar sind. Müssen wir vielleicht doch früher umdrehen? Richtung Norden, vielleicht Osten? Nordkroatien, Ungarn, vielleicht noch Bulgarien? Ein Wasserball fliegt mir an den Kopf. Es ist wie im Freibad hier. Ich schwimme ans Ufer und klettere über glitschige Steine nach draußen. Ich sehe Stefan, der gerade mit zwei weißen Plastikschalen in der Hand von einem Kiosk zurückkommt. Er reckt die Schalen nach oben und strahlt: „Sie haben Schwimmbadpommes!"

Na, dafür lasse ich mir gerne noch fünf Wasserbälle an den Kopf werfen.

***

Ich lehne mich jetzt mal weit aus dem Fenster: Kein Mensch muss die Great Ocean Road in Australien abfahren, wenn er die Küstenstrecke Zadar-Dubrovnik noch nicht gesehen hat. Fast 400 Kilometer an der kroatischen Adria entlang, links Gebirge, rechts geht's steil runter, dazwischen Badebuchten und kleine Städtchen, die mit so mittelbescheidenen Slogans werben wie: „Brela – Insanely Beautiful". Da will man sich schon lustig machen, merkt dann aber: „Verdammt – die haben recht!"

Die Küstenkroaten wissen natürlich, wie schön es hier ist, und sind stolz darauf. Zum Beispiel die Angestellte auf einem Campingplatz nahe Trogir, einer Weltkulturerbestadt 20 Kilometer neben Split:

Ich: „Was gibt es denn eigentlich so im Nordosten und im Landesinneren von Kroatien zu sehen?"

Sie: „Nothing."

Ich: „Haha, nee, jetzt mal im Ernst?"

Sie: „Nothing. Save your money, save your time, stick to the coast."

Ich: „So schlimm?"

Sie: „It's like … going to Bulgaria."

Ich: „Äh … da wollen wir eigentlich auch noch hin."

Sie: „Oops!"

***

Wir fahren zwar ein Wohnmobil, ich würde uns aber nie als Wohnmobilisten bezeichnen. Wir sind Camper. Auf Campingplätzen stehen wir deshalb auch immer deutlich näher an den Zelten und VW Bullys als an den klassischen Wohnmobilen. Denn auch nach zehn Jahren habe ich noch immer eine große Skepsis gegenüber vielen Wohnmobilisten – vor allem jenen, die mit 100.000-Euro-Hymer-Mobilen durch die Gegend kutschieren, dann aber stundenlang den billigsten Stellplatz weit und breit suchen, sich ausschließlich von selbst mitgebrachten Kartoffeln und Dosenwurst ernähren und spätestens abends um acht zur Tagesschau in ihrem rollenden Kreuzfahrtschiff verschwinden.

Hier auf dem Campingplatz in Trogir sind wir von dieser Spezies umzingelt. Unsere Hymer-Nachbarin, die sich ziemlich genau drei Meter neben uns in ihrem Liegestuhl fläzt, tut seit zwei Tagen so, als könne sie uns nicht sehen. Den Concorde-Fahrer daneben können wir wiederum nicht sehen, da er eigentlich den ganzen Tag die Kisten in seiner integrierten Garage nach Größe sortiert. Wenn er doch mal eine Pause einlegt, dann eigentlich nur, um mit einer Fernbedienung die Parabolantenne auf seinem Dach neu zu justieren.

Bullys und Zelte gibt es hier leider keine. Und falls jetzt jemand meint: Dann halte dich doch an die Wohnwagenfahrer! – das macht's selten besser. Als wir zwei

Tage zuvor auf den Platz rollten und gerade mit dem Einparken anfingen, sprang der ältere Herr im Rosenheimer Caravan neben uns aus seinem Gefährt, stellte sich hinter unser Auto und fuchtelte wie wild mit den Armen.

„Äh ... was machen Sie denn da?", fragte ich vorsichtig.

„Na einweisen! Weiß doch a jeder, dass ihr Wohnmobilfahrer ned einparken könnt's!"

Ein liebenswertes Kerlchen.

Jetzt gerade fällt mein Blick auf das Schweizer Wohnmobilisten-Pärchen gegenüber. Beide Mitte 70, er steht auf der akkurat ausgerollten Schutzfolie vor seiner Eingangstür und zieht die Ecken glatt. Seine Frau kommt von der Toilette zurück. Er winkt sie mit strengem Blick zu sich. „Pass nur auf", denke ich, „gleich schimpft er dich, weil du mit deinen Schuhen Schmutz auf seine schöne Vorlegeplane getragen hast." Die Frau schaut kritisch, ihr Mann winkt noch mal. Ihre Stirnfalten vertiefen sich, doch sie geht zu ihm und stellt sich direkt vor ihn.

Plötzlich hellt sich das Gesicht des Schweizer Opas auf. Er strahlt seine Frau an, nimmt ihr Gesicht zärtlich in beide Hände und küsst sie auf den Mund. Sie ist völlig perplex, strahlt dann ebenfalls, die beiden umarmen sich lange und schauen dann Kopf an Schulter gemeinsam aufs Meer.

Und ich ... ich wische mir mal kurz über die Augen.

***

Ernesto R. schreibt: „Falls es dich bis auf die Insel Hvar verschlägt (und das sollte es), empfehle ich das Olivenhain-Restaurant in Milna. Bester Koch am Ort! Bestell bitte schöne Grüße!"

***

Eines haben wir hier schnell gelernt: Es gibt einen großen Unterschied zwischen Festlandkroaten und Inselkroaten. Der Festlandkroate wirkt manchmal ein bisschen kontaktscheu und geht Gesprächen mit Fremden oft mit geradezu hanebüchenen Begründungen aus dem Weg:

„Excuse me, do you speak English?"

„No."

„Are you sure?"

„I am absolutely positive: not a word!"

Ganz anders der Inselkroate! Kaum setzt man auf ein Eiland über, wird man von den Einheimischen herzlich begrüßt, alle winken, schenken dir Wein ein, salben deine Stirn mit Lavendelöl und dienen dir die Tochter zur Ehelichung an. Inselkroaten scheinen insgesamt ein bisschen mehr Spaß am Leben zu haben und nehmen sich und die Welt auch weniger ernst.

Das fiel uns schon bei einer Radtour auf Ugljan auf, einer Insel vor Zadar. Die örtliche Kanalreinigungsfirma, die jeden Tag verstopfte Toiletten auspumpt und Jauchegruben entleert, hat es zu einiger Berühmtheit gebracht, weil sie sich den sehr unprätentiösen Namen „The Shit Company" gegeben hat. Warum auch lange drum rumreden?

Noch toller wird es dann aber auf Hvar, der mit 67 Kilometern längsten Insel Kroatiens. Überall riecht es nach Wildkräutern und Lavendel, der hier auf riesigen Feldern angebaut wird. Enge Straßen ziehen sich über die Insel und die Stadt Hvar selbst ist so hell und freundlich und fast schon klischeehaft mittelmeerig, dass man gar nicht so recht weiß, warum man hier je wieder weg sollte.

Wir fahren dennoch weiter nach Milna, um das empfohlene Restaurant zu erkunden. Direkt am Meer finden wir einen Campingplatz. Am Eingang sitzen drei Jungs mit sehr wenigen Zähnen und sehr vielen Tattoos in einer kleinen Hütte, rauchen eine Tüte und fragen uns mit verquollenen Augen nach unseren Ausweisen. Wie die Betreiber eines Campingplatzes sehen die drei eigentlich nicht aus. Eher so, als hätten sie die echten Betreiber hinter der Hütte verscharrt.

Wir buchen trotzdem einen Stellplatz und machen uns dann auf in das versteckte Gartenrestaurant mit schweren Holztischen in umgrünten Separees. Der braun gebrannte Kellner tänzelt um unsere Stühle, schleppt mit einer surrealen Leichtigkeit riesige Holzbretter mit Schinken und dalmatischem Käse an unseren Tisch und serviert dazu das beste Olivenöl, in das ich jemals ein Stück Weißbrot getunkt habe. Als ich ihn frage, woher es stamme, deutet er stolz auf die Olivenbäume um uns herum. Vor uns steht quasi das, was letztes Jahr noch hier am Baum hing. Das Öl ist der ganze Stolz der Besitzer und wird jedes Jahr mit Preisen überhäuft.

Nach dem Essen richte ich die Grüße unseres Tippgebers Ernesto aus. Der Kellner strahlt übers ganze Gesicht, verschwindet kurz, kommt mit zwei Tellern zurück und serviert uns mit einem „Something to refresh you!" die buttrigste Mousse au Chocolat meines Lebens.

Ich sag's ja: der Inselkroate!

***

Wir haben Bärbels Ausweisproblem gelöst! Zumindest das innerkroatische: Kurz vor der bosnischen Grenze kann man mit einer Fähre auf die Halbinsel Pelješac fahren, die dann schnurstracks nach Dubrovnik (und am Neum-Korridor vorbei) führt. Ist ein zünftiger Umweg, aber was tut man nicht alles, um Dubrovnik zu sehen!

Diese Stadt schwebt in ihrer unwirklichen Schönheit so jenseits unserer Realität, dass sich Filmteams von „Game of Thrones" und „Star Wars" hier die Klinke in die Hand geben. Wer Dubrovnik sehen will, sollte aber früh kommen. Sowohl was die Uhr- als auch die Jahreszeit angeht: 40.000 Menschen leben hier, während der Saison kommen rund zwei Millionen Touristen dazu, und wenn im Sommer, bei glühender Hitze, erst mal die Kreuzfahrtschiffe ihre trägen Buffetkrieger an Land spucken, kann man schon ein bisschen verstehen, dass Cersei Lannister in der sechsten Staffel von „Game of Thrones" die halbe Stadt wegsprengt.

Wir wollen schlauer sein als der Rest und gehen deshalb schon morgens um neun auf Besichtigungstour. Leider ist „der Rest" mindestens genauso schlau. Überall schieben sich Fan-Führungen durch die engen Gassen. Fremdenführer preisen ihre „Only Original Star Wars Tour!" an. Und die Sonne gibt schon jetzt alles. Wir klettern trotzdem auf die alte Stadtmauer und lassen uns von Tausenden asiatischen Touristen mit Sonnenschirmchen und Atemmaske vorwärts schieben, bis die Temperatur gegen elf Uhr die 40-Grad-Marke überspringt. Es geht einfach nicht mehr. So schön das alles ist: Nächstes Mal komme ich im Winter.

Andererseits würde ich dann wahrscheinlich alle paar Meter über eine Filmkamera stolpern. Im Winter tummelt sich nämlich halb Hollywood in der Stadt, wie uns unser Taxifahrer auf dem Rückweg zum Campingplatz erklärt. Nach seinen Informationen ist die nächste große Produktion aus Dubrovnik ein „Robin Hood"-Film. „Na Gott sei Dank", denke ich, „endlich mal ein ‚Robin Hood'-Film! Am Ende wieder mit Kevin Costner? Robin Hood – Helden in orthopädischen Strümpfen?" Obwohl: Wie die Filmfuzzis es schaffen, eine 35 Grad heiße Mittelmeermetropole mit 250 Sonnentagen im Jahr wie das mittelalterliche Nottingham aussehen zu lassen, interessiert mich doch sehr.

***

„Okay, noch mal zu Albanien und Montenegro", sage ich, während ich unser Auto langsam vom Campingplatz in Dubrovnik fahre.

„Was wäre denn das Schlimmste, was passieren könnte, wenn sie uns kontrollieren und merken, dass wir für Bärbel nicht die passenden Papiere dabei haben?"

Stefan recherchiert. „Die Einreise ist wohl nicht das Problem. Aber die Rückreise in die EU. Da kann es passieren, dass sie Bärbel einfach nicht reinlassen."

„Wie, nicht reinlassen? Was sollen sie denn machen? Uns den Hund abnehmen?"

Stefan recherchiert wieder. „Ja. Genau das. Abnehmen und in Quarantäne stecken."

Ich schaue entsetzt: „Das würden die doch niemals tun!"

Stefan schüttelt ebenfalls den Kopf: „Glaub ich auch nicht … Aber sie könnten."

Wir schauen uns lange an.

30 Minuten später stehen wir am Fährhafen.

Es geht nach Italien.

5. SCHNATTER, SCHNATTER, SCHNATTER

Apulien (Italien)

„Und, was hat Sie dazu bewogen, nach Italien zu gehen? Die Kultur, die Landschaft, die Menschen, das gute Essen?"

„Also, ehrlich gesagt: Ich hatte nicht die nötigen Papiere, um mit meinem Hund durch Albanien und Montenegro zu fahren, und deshalb bin ich jetzt halt hier. Wo geht's denn bitte zur Fähre nach Griechenland?"

Ich weiß, das klingt nicht nach dem allerromantischsten Grund für eine Italienreise, aber Italien und ich – das hatte bisher auch nicht viel von einer Romanze. Der Gardasee war mir zu voll, die Toskana zu Erdkundelehrer-mit-Barologlas-in-der-Hand-ig und die norditalienische Willkommenskultur des „Wir tun einfach mal so, als wärst du nicht da" hat mich auch nie richtig überzeugt. Erst als mich ein paar Freundinnen mal zu einem Rom-Trip überredet hatten, merkte ich: „Ach! So nett kann das also sein!" Und da es bei dieser Reise ja auch ein bisschen darum gehen soll, lieb gewonnene Vorurteile auf den Prüfstand zu stellen, und mir ständig Menschen befohlen haben, gefälligst mal nach Süditalien zu fahren, weil da alles ganz anders sei, wollen wir uns ein bisschen in Apulien umschauen, bevor wir nach Griechenland aufbrechen. Wenn es nach meinen Facebook-Followern geht, scheint sich das nämlich zu lohnen.

***

Heidrun E. schreibt: „Du wirst Apulien lieben! Ist nicht nur kilometermäßig, sondern in jeder Hinsicht sehr weit von der Toskana und Norditalien entfernt. Besseres Essen findest du kaum, die Strände sind toll, das Olivenöl auch … und es ist von ausländischen Touristen noch nicht recht entdeckt worden!"

***

Apulien also. Die zehnstündige Überfahrt von Dubrovnik nach Bari ist schon mal ein eher mäßiges Vergnügen, wofür aber Italien nichts kann: Die Schiffe der kroatischen Fährlinie verströmen alle einen nüchtern-steingrauen Ostblockcharme mit abgewetzten Teppichen, deprimierenden Dosenbierbars und Bordpersonal, das aussieht wie die B-Besetzung einer sowjetrussischen „Love Boat"-Version. Da wir über Nacht unterwegs sind, haben wir „Reclining Seats" gebucht, also normale Sessel, die sich in eine bequeme Liegeposition verstellen lassen. Angeblich.

Tatsächlich lassen sich die Sitze jedoch nur von einer „Aufrecht sitzen"- in eine „Sehr unbequem aufrecht sitzen"-Position reclinen, weshalb Stefan schon nach drei Minuten seinen Sessel verlässt und uns an der Rezeption nachträglich eine Kabine mit Stockbetten bucht. Am Morgen werden wir dann mit dem konfrontiert, was mich bei unseren kurzen Italien-Besuchen bisher am meisten abgeschreckt hat: Geschnatter. Lautes, ausdauerndes Geschnatter. Ich spreche kein Italienisch und wenn Italiener aufgeregt sind – das sind sie übrigens oft –, klingt es für mich immer, als würde man einen Eimer Brot in einen Ententeich kippen: Schnatter, Schnatter, Schnatter.

Als wir den Frühstückssaal der Fähre betreten, sitzt in der Mitte eine italienische Mamma, auftoupiert und üppig geschminkt wie ein alternder Travestiestar, führt mit abgespreiztem Finger eine kleine Kaffeetasse an den Mund und empfängt nacheinander alle Mitglieder ihrer offensichtlich sehr weit verzweigten Familie.

„Mamma!"

„Luigi!"

Küsschen, Küsschen, Schnatter, Schnatter.

Der Nächste:

„Mamma!"

„Silvio!"

Küsschen, Küsschen, Schnatter, Schnatter.

So geht das ungefähr eine halbe Stunde. Zum Ende der Audienz singt die gesamte Gesellschaft die italienische Version von „Mama, du sollst doch nicht um deinen Jungen weinen", dann steht „Mamma la Grande" auf und verlässt huldvoll winkend den Saal, während ihre gesamte Familie ohne sie weiterschnattert. Es ist ein Spektakel, an dem ich zu einer anderen Uhrzeit, nach einer ruhigeren Nacht und mit besserem Kaffee vermutlich mehr Spaß gehabt hätte.

Kurze Zeit später stehe ich deshalb mit Stefan an der Reling, genieße die Stille, schaue auf den weißen Glockenturm der „San Sabino"-Kathedrale von Bari und hoffe, dass Bärbel die letzten Kilometer bis zur nächsten Grünfläche noch durchhält.

Und dass die italienische Entenfamilie unter Deck bleibt.

***

Werner S. schreibt: „Etwas nördlich von Bari liegt die Gargano-Halbinsel: tolle Natur und wunderschöne Stände! Ansonsten bin ich von Italien leider sehr enttäuscht ..."

***

Seltsam, selbst meine Follower sind beim Thema Italien auffallend reserviert. Scheinbar habe da nicht nur ich das ein oder andere Problemchen. Trotzdem: Ich bin wild entschlossen, das Land diesmal toll zu finden. Und es sieht auch gar nicht schlecht aus: Wir fahren nach Nordwesten, Richtung Sporn des italienischen Stiefels, ich schaue vom Fahrersitz aufs Meer, das rechts der Straße in allen Blauschattierungen schimmert, und freue mich auf Vieste, ein ehemaliges Fischerdorf am Ostrand des Gargano-Vorgebirges, das mir von vielen Followern wegen seiner mittelalterlichen Innenstadt, der Kathedrale und der endlosen Strände empfohlen wurde.

Wir kommen zur Mittagszeit an und halten auf einem städtischen Parkplatz. Sofort gesellt sich ein freundlicher Parkwächter zu uns und verlangt drei Euro. Ich gebe ihm einen 10-Euro-Schein, wir plaudern ein bisschen, er erzählt, dass er im Sommer in Sankt Peter-Ording arbeitet. Dann geht er weg, um Wechselgeld zu holen. „Na siehste", denke ich mir, „geht doch schon viel freundlicher los."

Tja. Etwas erfahrenere Italien-Urlauber ahnen vielleicht, wie's weitergeht.

Der „Parkwächter" kommt nicht wieder, mein 10-Euro-Schein auch nicht und der Verkäufer im Kiosk nebenan erklärt mir, dass es hier gar keine Parkwächter gebe, und deutet stattdessen auf einen etwas abseits stehenden Parkautomaten.

Ich würde mich gerne aufregen, aber ich muss leider so lachen. Lehrgeld bezahlt in Sekunde eins – das hatte ich auch noch nie.

Wir flüchten auf einen Campingplatz am Rande Viestes, nur durch eine Straße vom breiten Sandstrand mit dem Pizzomunno, dem Kreidefelsen und Wahrzeichen der Stadt, getrennt. Ich parke das Auto und denke: „Jetzt aber! Jetzt fängt der Italien-Urlaub an!"

Da öffnet Stefan unsere Schiebetür und wir sehen unsere norditalienische Nachbarsfamilie: Der leicht schwankende Vater im Feinrippunterhemd stellt gerade die Bierflasche weg und ohrfeigt seinen rund siebenjährigen Sohn, der brüllt aus voller Seele, die neunjährige Tochter brüllt aus Sympathie mit ihrem Bruder mit, die Teenagertochter brüllt deshalb ihre Schwester an und hackt dann weiter entnervt auf ihr Smartphone ein, während die energisch rauchende Mutter sich unter wilden Flüchen mit einer Zeitschrift Luft zwischen die weit gespreizten Beine fächelt.

Meine emotionale Annäherung an die Italiener könnte schwieriger werden als gedacht.

**

Hier mal ein Tipp, falls jemand einmal in die Situation kommen sollte, mich aufheitern zu wollen: Man gebe mir was zu essen! Wirklich. Ich bin da sehr einfach gestrickt! Egal, in welcher Situation ich mich gerade befinde, egal, was mir Doofes passiert ist, egal, wer mich übern Leisten gezogen hat: Ich brauche keine psychologische Betreuung, ich brauche keinen Shoppingtrip, ich brauche keinen Alkohol – ich brauche einfach was zu essen. Ein Nudelauflauf, ein Stückchen Käse, vielleicht eine Packung Maltesers hinterher: Zack, schon hab ich alles vergessen.

Es ist also kein Wunder, dass Stefan mich nach der ersten halben Stunde neben den italienischen Flodders unter den Arm genommen und in ein Restaurant in der Innenstadt von Vieste geschleppt hat. „Fidate di me" heißt das Menü, das wir jetzt gemeinsam verputzen: „Vertrau mir". Das fällt mir nach der Parkwächterepisode zwar gerade nicht so leicht, aber hier ist ja der Koch gemeint, und wenn ich irgendjemandem auf dieser Welt blind vertraue, dann sind's auf jeden Fall die Köche. Wir sitzen am Rande der Altstadt an einem Restauranttisch direkt neben der Hauptflaniermeile, unser Blick fällt auf die weit ins Meer ragende Punta San Francesco und wir kämpfen uns durch eine nicht enden wollende Abfolge feinster italienischer Häppchen: Geschmorte Aubergine, gegrillter Räuchermozzarella, gebratene Zucchini, ein Stückchen Lasagne, Kirschtomaten aus dem Ofen – es hört nicht auf. Wir hören nicht auf. Auch wenn ich mich schon nach dem dritten Schüsselchen fühle wie Mister Creosote aus „Der Sinn des Lebens", hoffe ich insgeheim, dass noch mindestens zwanzig weitere davon an unseren Tisch getragen werden. Und dann vielleicht noch ein Pfefferminzblättchen.

Doch auf einmal verändert sich die Stadt um uns herum. Frauen hängen bunte, gewebte Tücher über ihr Balkongeländer. Immer mehr Menschen bleiben neben unserem Tisch stehen, begrüßen sich mit Küsschen und Verbeugungen und scheinen auf irgendetwas zu warten. Plötzlich ertönt ein Kanonenschuss. Mir fällt eine Tomate von der Gabel, Bärbel versteckt sich instinktiv unterm Tisch. Noch ein Schuss. Dann noch einer. Wo kommt das her? Der Kellner erklärt uns, dass heute das Patronatsfest in Vieste gefeiert werde, die Kanonenschüsse von der Festung kämen und gleich noch eine Prozession durch den Ort ziehe.

„Wo durch den Ort?"

„Na hier!" Er deutet auf die Straße, die neben unserem Tisch verläuft.

Tatsächlich nähern sich schon die ersten Priester mit ein paar Heiligenfiguren schleppenden Gläubigen. Bald drücken sich einige Weihrauchfass schwenkende Ministranten an unserem Tisch vorbei.

„Äh, was machen wir denn jetzt?", frage ich Stefan.

„Essen wir weiter?"

„Warum denn nicht?"

„Na ja … wir sitzen mitten in der Prozession! Ich hab ein bisschen Angst, dass die mir mit ihrem Weihrauchfässchen die Auberginen vom Tisch wemsen!"

Wir beschließen zu bleiben. Der Mann links neben unserem Tisch stimmt ein Kirchenlied an. Ich beiße in die Bruschetta. Die Frau rechts neben uns bekreuzigt sich und kniet nieder. Ich pikse in die Lasagne. Allmählich finde ich es fast lustig. Doch dann fällt mein Blick unter den Tisch: Bärbel hat sich mit eingezogenem Schwanz in eine Ecke gedrückt, hechelt und winselt leise vor sich hin. Wieder ein Kanonenschuss. Bärbel zuckt zusammen und winselt noch mehr. Ich werfe ihr zur Beruhigung ein Stück Schinken zu. Sie lässt es einfach fallen. Spätestens jetzt weiß ich: Alarmstufe dunkelrot.

Wir zahlen also, lassen mehrere halbvolle Schälchen stehen und kämpfen uns durch all die Beter und Knier und Bekreuziger aus der Stadt heraus. Ich kann kaum beschreiben, wie glücklich ich bin, als wir den Campingplatz erreichen und ich statt „Gloria in excelsis deo" wieder unseren Asi-Nachbarn höre, der gerade seiner Frau mit vom Alkohol schwerer Zunge und nicht ganz melodiesicher den Eros-Ramazotti-Klassiker „Più bella cosa" widmet.

Endlich wieder normale Leute!

***

Durchatmen. Einfach ganz tief durchatmen. Wir sitzen in der Foresta Umbra, einem rund 30 Kilometer von Vieste entfernten Laubwald, und genießen die Kühle und Stille. Der Wald war eine Empfehlung einer Facebook-Followerin und der Ausflug hat sich gelohnt: Gerade haben wir eine kleine Runde zwischen den Bäumen gedreht, jetzt sitzen wir auf einer Bank und leeren unsere Wasserflaschen. Neben uns grasen ein paar Kühe. Andere Wanderer ziehen freundlich grüßend an uns vorbei. „Fällt dir was auf?", fragt mich Stefan.

„Was denn?"

„Hier sieht's im Grunde genauso aus wie in der Eifel."

Ich schaue mich um, sehe die Bäume, die Wanderwege, die Kühe. „Stimmt." Ich deute auf meine Wasserflasche. „Eigentlich fehlt nur noch das Bitburger."

Ein bisschen bizarr ist es schon: Dass wir mal Tausende Kilometer mit dem Wohnmobil Richtung Süden fahren und uns dann noch stundenlang auf endlosen Serpentinen durch einen apulischen Nationalpark quälen würden, um schließlich an einem Ort zu landen, an dem es fast genauso aussieht wie in Mechernich und Manderscheid, hätte ich mir auch nie träumen lassen.

***

Severin M. schreibt: „Apulien ist ein einziger Traum. Unsere Hochzeitsreise führte uns vor einem halben Jahrzehnt dorthin. Unbedingt nach Lecce fahren! Das hat unfassbar viel Stil und Charme."

***

Das mit dem Stil und dem Charme sahen in der für ihren „barocco leccese" bekannten Stadt nicht immer alle so: Überall Schnörkel und Engel und Dämonen an Hauswänden – Lecce ist ein bisschen der Harald Glööckler unter den Barockstädten. Marchese Grimaldi hat die berühmte, über und über mit Putten, Cherubinen und bizarren Figuren bestückte Außenfassade der Basilica di Santa Croce sogar mal als „Alptraum eines Irren" bezeichnet. Bei unserem Besuch wird die Fassade leider gerade renoviert und ist deshalb großflächig verhüllt. Es ist also eher ein Alptraum mit Bettdecke drüber.

Es geht surreal weiter, denn nach dem Stadtbummel sitzen wir auf der Außenterrasse eines Restaurants in der Innenstadt, essen süditalienische Pastaspezialitäten mit Muscheln und schauen voller Unverständnis auf den Namen des Lokals an der Hauswand: „Joyce". Wie James Joyce, der irische Autor, der in „Ulysses" seinen Helden Leopold Bloom an einem 16. Juni durch Dublin irren lässt. Auf dem Weg zur Toilette bemerke ich, dass der ganze Innenraum des Restaurants wie ein Irish Pub gestaltet ist: Beim Betreten wird man in eine düstere Bierhöhle gezogen, schwere Holzmöbel überall, dunkle Wände, es riecht nach Guinness und hartnäckigem Zigarettendunst aus der Vor-Rauchverbotszeit. Bei 37 Grad Außentemperatur und strahlendem Sonnenschein eine echte Parallelwelt. Ich frage die Chefin, wie es zu der Namensgebung kam. War James Joyce jemals in Lecce? Sie lacht und schüttelt den Kopf: „Nein, aber ich war in Irland. Im Urlaub mit meinem Freund. Und wir fanden einfach, dass so ein Irish Pub hier total fehlt. Oder nicht?"

„Ja … äh … ich weiß nicht …"

Sie strahlt mich an: „Da habt ihr euch aber auch den besten von allen Tagen für einen Besuch ausgesucht."

„Warum?", frage ich.

Sie deutet zur Wand: „Na schau mal auf den Kalender!"

Tatsächlich. 16. Juni. Es ist Bloomsday!

***

Mit jedem Tag wird deutlicher, wie anders die Leute hier drauf sind als in Norditalien. Wir werden täglich von wildfremden Menschen in Grund und Boden charmiert. Ich habe zum Beispiel festgestellt, dass es überhaupt nichts macht, wenn man kein Italienisch spricht. Zumindest den Italienern nicht. Sie plappern völlig ungebremst auf dich ein, wenn du dann verschämt „Sorry, no italiano" stammelst, sagen sie etwas, das wohl „Macht doch nichts!" heißen soll, und erzählen dir dasselbe noch mal – wieder auf Italienisch. Das Ganze aber mit so einer grenzenlos guten Laune, dass man irgendwann einfach irr mitlacht.

Gerade hat Stefan versucht, im Supermarkt unseres Campingplatzes Senf zu kaufen. Natürlich sprach dort niemand Englisch. Oder Französisch. Oder irgendeine andere nichtitalienische Sprache. Wozu auch, auf einem internationalen Campingplatz? Was an Sprachkenntnissen fehlt, wird durch Hilfsbereitschaft und Begeisterung ausgeglichen. Die Verkäuferin fragt ihre Kollegin an der Kasse. Die Kassendame fängt an, auf ihrem iPhone zu googeln, ruft aber sicherheitshalber noch den Mann aus dem Lager dazu. Der Mann aus dem Lager ruft seinen Neffen an, weil der angeblich Englisch spricht. Stefan telefoniert mit dem Neffen, der dann leider doch kein Englisch spricht. Dafür sehr gut Spanisch, was Stefan leider nicht spricht. Die beiden führen eine angeregte Unterhaltung, bei der im Grunde niemand irgendwas versteht. Plötzlich hält die Kassendame triumphierend ihr Handy hoch und schreit: „Senape!!!" Alle schlagen sich an den Kopf. Natürlich! Senape! Senf heißt Senape! Wie konnte man darauf nicht kommen! Stefan plaudert noch ein paar Minuten mit dem Neffen am Telefon weiter. Dann legt er auf. Also, wo steht er denn, der Senape?

Die Verkäuferin schüttelt den Kopf: Senape gibt's hier leider nicht.

***

„Excuse me, we have your dog!"

Ich zucke zusammen. Offensichtlich bin ich in meinem Liegestuhl auf dem Campingplatz in Bisceglie eingeschlafen. Es ist aber auch ein außergewöhnlich entspannter Ort: Über mir raschelt der Wind sanft in den Zweigen der Olivenbäume, wenige Meter neben uns führt ein kleiner Steg zum Privatstrand des Campingplatzes, und nach unserer kleinen, aber anstrengenden Radtour nach Lecce (man sollte nie vergessen, dass Rückenwind auf der Hinfahrt zu Gegenwind auf der Rückfahrt wird!) sind mir wohl ein paar Minuten die Augen zugefallen.

„Excuse me! Your dog! We have her!" Wer ruft denn so was? Eine Bande außergewöhnlich höflicher Hundeentführer?

Da Bärbel tatsächlich verschwunden ist, stehe ich auf und sehe nach. Da kommt mir schon unsere Nachbarin, eine freundliche Schottin mit riesiger Brille und leichtem Überbiss, entgegen, hält meinen Hund im Arm und erklärt mir, dass Bärbel sich wohl irgendwie von ihrer Leine losgerissen hätte und daraufhin schnurstracks in ihr Wohnmobil gewandert sei, um den Küchenmüll auszuräumen.

Ich nehme Bärbel wieder an mich und stammle ein paar der üblichen Dankes- und Entschuldigungsfloskeln, die jeder Hundebesitzer in mindestens fünf verschiedenen Sprachen beherrscht. Brenda winkt lachend ab. Ihr Mann Gavin kommt dazu. Die beiden erzählen, dass sie seit einigen Monaten mit dem Wohnmobil durch Europa unterwegs sind. Wir plaudern über unsere Reisen, über Großbritannien und die EU und kommen schließlich auch auf den Brexit zu sprechen. Gavin verdreht sofort die Augen.

„Ich tippe mal, ihr habt dagegen gestimmt?", frage ich.

„Oh nein", widerspricht mir Brenda energisch. „Ich bin total dafür!"

„Interessant. Ich habe bisher nur Briten getroffen, die entweder dagegen waren oder es spätestens nach dem Referendum bereut haben, dafür gestimmt zu haben." Brenda schüttelt den Kopf: „Ich nicht. Der Brexit ist der richtige Weg! Wir haben ein paar schwierige Jahre vor uns, aber dann wird es besser."

Sie erzählt mir, dass ihre Altersvorsorge in den letzten Jahre immer mehr beschnitten wurde.

„Wegen der EU?", frage ich überrascht.

„Wegen Tony Blair! Tony Blair hat es in Großbritannien möglich gemacht, fürs Nichtstun Geld zu bekommen, und wir müssen dafür bluten."

„Okay, aber ... das hat jetzt nicht direkt mit der EU zu tun, oder?"

„Oh doch!"

„Weil ...?"

„Weil ... Ach, ihr in Deutschland habt einfach keine Ahnung von den Problemen bei uns!"

Ich wundere mich etwas über Brendas immer leidenschaftlicher und gleichzeitig immer wirrer werdende Argumentation, will sie aber wirklich gerne verstehen und versuche es deshalb noch mal ganz vorsichtig: „Das mag sein. Was sind denn die größten Probleme in Großbritannien?"

Brenda überlegt eine Weile.

„Staus. Wir haben mittlerweile überall Staus. Man kommt gar nicht mehr vorwärts."

Hm. Ich fürchte, jetzt hat mich Brenda ein bisschen verloren. Ich wende mich deshalb an Gavin: „Wie ist es denn mit dir? Hast du auch für den Brexit gestimmt?"

„Nein", sagt er. „Ich bin dagegen. War ich immer. Und wenn ich sehe, wie unsere Regierung sich jetzt anstellt, bin ich's erst recht."

„Das ist ja spannend. Erzähl doch mal!"
Gavin holt tief Luft. Dann schaut er seine Frau an und überlegt es sich offensichtlich anders.
„I'd rather not", sagt er und legt den Arm um Brenda. „To save the relationship."

***

Aylin D. schreibt: „Macht unbedingt einen Abstecher in die Basilikata, zu den Sassi von Matera. Du denkst, du gehst durch einen Jesus-Film!"

***

Wertvolle Erkenntnis aus unserem noch recht kurzen Aufenthalt in Apulien: Zur Mittagszeit durch süditalienische Städte zu bummeln, ist nur was für Doofe oder Deutsche oder doofe Deutsche.

Ich weiß wirklich nicht, warum wir denselben Fehler immer wieder machen (wenn es in Dubrovnik um neun schon zu warm ist, gibt es ja nicht viele Gründe, warum es in Süditalien um 13 Uhr besser sein sollte), aber Matera ist jetzt schon die dritte italienische Stadt, die wir ausgerechnet in den weißglühenden, totenstillen Mittagsstunden durchqueren.

Erst der Wallfahrtsort Monte Sant'Angelo am Rande des Gargano: 36 Grad.

Dann Lecce: 37 Grad.

Jetzt Matera: 38 Grad.

Wir sitzen in einem Restaurant nahe der Sassi, der weltberühmten Höhlenwohnungen, die lange Zeit als Schandfleck Italiens galten. Die engen Gassen sehen tatsächlich aus, als würde gleich der Heiland samt Kreuz durch den Ort getrieben – oder wenigstens Monty Pythons Brian nackt an einem Fenster erscheinen.

Ich könnte stundenlang durch die Altstadt laufen –
wenn ich nicht ständig Angst hätte, dass die Gummisoh-
len meiner Turnschuhe mit dem heißen Steinboden ver-
schmelzen. Deshalb sitzen wir jetzt in einem leidlich be-
schatteten Restaurant und stochern appetitlos in unserem Brotsalat (eine Spezialität der Gegend aus altem
Brot, frischen Tomaten, roten Zwiebeln und kräftigem
Olivenöl). Nicht mal Essen macht im Moment Spaß, weil
das Heben und Senken des Kiefers weitere Schweißper-
len auf die Stirn treibt. Stefan geht es genauso. Wir müssen etwas ändern!

Was sich in Südkroatien schon angedeutet hat, formiert sich jetzt zu einem Entschluss: Wir wollen raus aus
dem Süden. Raus aus der Hitze. Der Traum von Griechenland ist hiermit endgültig beerdigt. Es ist Mitte Juni,
in Athen hat es 40 Grad, auf dem Peloponnes sieht es
kaum besser aus und wir wollen einfach mal wieder was
anderes machen als schwitzen. Wir wollen Norden! Wir
wollen niedrigere Temperaturen. Ja, verdammt, ich will
ein bisschen ehrlichen, dreckigen Nieselregen!

Dass ich das mal sagen würde, ist fast noch unglaublicher als die Fahrt in den italienischen Eifel-Wald.

***

Schon am nächsten Tag brechen wir auf, Richtung
Ancona, um von dort mit der Fähre nach Nordosten zu
gelangen. Wir wollen über Kroatien nach Ungarn, vielleicht nach Tschechien, von mir aus auch noch mal nach
Slowenien.

Bei der Gelegenheit überlege ich, was nun eigentlich
mein Italien-Fazit ist. Apulien ist sicher um Längen besser als vermutet. Allerdings: Man sollte hier ein bisschen
auf seinen Geisteszustand aufpassen. Apulien schüttelt
dich links und rechts und vor und zurück und streichelt

dich und haut dir in die Fresse. Ich habe hier die wichtigtuerischsten Autofahrer erlebt („Wie kannst du hier 90 fahren, wo doch ... 90 erlaubt sind!? Ich muss voll dringend zum Lidl!"), aber auch die herzlichsten Kellner (den Chef der kleinen Trattoria in Monte Sant'Angelo, dessen rostbraunes Toupet am Hinterkopf etwas abrupt ins graue Echthaar überging, und der nach jedem Satz sein Gebiss mit einem sanften Knirschen wieder in Position schieben musste, hätte ich am liebsten als Opa adoptiert). Ich habe die heißesten Innenstädte besucht und die kühlsten Wälder. Ich habe die schönsten Kulturdenkmäler gesehen und die hässlichsten Landstriche. Überall liegt Müll am Straßenrand, der direkt vor Ort verbrannt wird, und zwischen all dem Dreck und Gestank sitzen grell geschminkte Prostituierte unter Olivenbäumen und warten auf vorbeiradelnde Opas.

Kurz: Für Apulien braucht man Nerven.

Aber sonst hätten wir ja wirklich in die Eifel fahren können.

6. PELLKARTOFFELN!

Abruzzen (Italien)

Stopp! Halt! Vollbremsung: Wir sind noch immer in Italien. Wir waren ja eigentlich schon auf dem Weg zur Fähre, da hat Bella Italia, die olle Fliegenfängerin, noch mal ihre Leimstreifen nach uns ausgeworfen. Was passiert ist? Die Abruzzen sind passiert. Eine grüne, gebirgige und, laut Lonely-Planet-Reiseführer, „vom Tourismus wenig erschlossene Region" (das steht da übrigens zu jeder Region, in der wir bisher waren. Wo zur Hölle sind all die Italien-Touristen? Alle auf demselben Badetuch am Strand von Rimini?), in der es so ganz anders aussieht als im leicht bipolaren Apulien. Vielleicht bin ich ja ein hoffnungsloser Romantiker, aber es macht schon einen Unterschied, ob links und rechts der Straße der Müll brennt oder der Oleander blüht. Wir haben deshalb zum ersten Mal auf dieser Reise ganz ohne Facebook-Tipps, ohne Ankündigung und digitale Begleitung das Steuer herumgerissen, sind einfach rechts rausgefahren und jetzt auf dem Weg nach Sulmona, dem im Herzen der Abruzzen gelegenen Geburtsort Ovids. Die Landschaft wird immer hügeliger. Die Vegetation üppiger. Das Klima erträglicher. Alles verändert sich. Metamorphosen. Ovid hätte seine helle Freude.

***

Diese Stille. Diese unglaubliche Stille. Wir laufen durch Sulmona und hören: nichts. Niemand spricht, niemand brüllt, es wird noch nicht mal telefoniert. Und das in Schnatter-Country! Es ist geradezu unheimlich. Wir laufen durch das Zentrum, gelangen zur Piazza Garibaldi mit dem Aquädukt aus dem 13. Jahrhundert. Auch hier: niemand. Nur ein paar Frauen formen kunstvolle Bilder für die Fronleichnamsprozession auf dem Asphalt. Auch ein paar Nonnen stehen mit gespreizten Beinen vornübergebeugt auf der Straße und schaffen Collagen aus Blütenblättern, Sägespänen, Kaffeesatz und anderen Materialien, die ich nicht identifizieren kann (vermutlich sind es klein gemahlene Touristen, die ihren Mund nicht halten konnten).

Wir gehen wie auf Zehenspitzen weiter und kommen zu einer der vielen Süßwarenhandlungen, die vor ihrer Tür in unzähligen Holzschachteln, Gläsern und Dosen die Spezialität Sulmonas anbietet: „confetti". Das sind mit Schokolade umhüllte und mit Zuckerguss glasierte Mandeln in allen Farben des Regenbogens, teilweise aufwendig als Blumen oder Tierfiguren arrangiert, teilweise ganz schnörkellos im Kilobeutel dargeboten (für den etwas weniger anspruchsvollen Süßkram-Fan). Ich kaufe ein Säckchen weißer Mandeln, greife beherzt hinein und bugsiere mir eine ganze Ladung davon in den Mund.

Knirsch, krach, knusper!

Eine der Collagennonnen richtet sich irritiert auf und schaut mich strafend an.

Ich traue mich nicht mehr, den Kiefer zu bewegen, und versuche vergeblich, den Inhalt meines Mundes geräuschlos zu Ende zu lutschen. Bevor ich ersticke, verlassen wir Sulmona.

***

Wir fahren durch die Gargantas del Sagittario, eine wirklich atemberaubende Schlucht, deren dramatische Felsformationen man als Wohnmobilfahrer leider nicht ganz so entspannt genießen kann, weil sich alle paar Meter ein entgegenkommender Motorradfahrer auf der sowieso eher für Fiat Puntos ausgelegten Straße tief in die Kurve legt. (Wissen Biker eigentlich, dass im Fall des Falles jeder noch so gut behelmte Kopf gegen meine Kühlerhaube verlieren würde? Wenn nein: Liebe Freunde des belederten Fahrens, leset und merket es euch für immerdar! Danke!)

Wir finden einen Campingplatz zwischen dem Ufer des Lago di Scanno und den apenninischen Abruzzen im Hintergrund und sind sofort von der Kühle hier begeistert. 18 Grad! Bärbel springt zum ersten Mal seit Wochen übermütig über eine Wiese und auch wir atmen kräftig durch. Der leicht untersetzte, bärtige Rezeptionist begrüßt uns und bietet uns einen Platz am Rand des Platzes mit einem spektakulären Blick auf den See an.

Was man denn hier so machen könne, frage ich ihn.

„Not much", antwortet er schulterzuckend. „Sit and relax!"

Perfekt – das war genau mein Plan!

Dann ergänzt er: „Oh, and please: no shoes in front of the car."

Aha, warum?

„The foxes come and hide them."

Mein Gott, sogar die Füchse langweilen sich. Hier bleibe ich!

***

„Und was war jetzt das Highlight deines Italien-Aufenthalts?"

„Kleine, kalte Pellkartoffeln mit ein paar Tropfen Olivenöl und Meersalz."

Okay, von vorne:

Als wir den Campingbär an der Rezeption fragen, wo

man denn noch was zu essen herbekäme, verzieht er ein bisschen gequält das Gesicht:

„Maybe down the road at the Agriturismo." Er schaut kritisch auf seine Armbanduhr. „But only maybe!"

Wir beeilen uns und gehen schnell die paar Meter zum beschriebenen Bauernhof. Ein riesiger, weißer Zottelhund begrüßt uns bellend – sonst sehen wir niemanden weit und breit.

„Buona sera!", rufe ich mehrmals laut.

Keine Reaktion. Der Hund bellt aufgeregt weiter.

Irgendwann öffnet sich dann doch eine Tür: Die genauso hohe wie breite Chefin des Hauses tapert im steingrauen Hausanzug eine Treppe herunter, stemmt die Arme in die Hüften und schaut uns kritisch an.

„Ich glaube, die haben wir gerade von ihrer Lieblingsserie weggeholt", raunt mir Stefan zu.

Ich versuche der Dame zu erklären, dass wir gerne etwas essen würden. Sie wirkt nicht wirklich begeistert, schickt uns dann aber mit einer leicht abfälligen Geste auf ihre Terrasse. Kurz darauf kommt sie mit Gläsern und Wein an unseren Tisch und redet ein bisschen italienisch auf uns ein. Ich nicke und lache und sage ein paar mal „Si!". Wie man's halt so macht. Die Chefin verschwindet.

„Was hast du denn bestellt?", fragt Stefan.

„Ich habe nicht die geringste Ahnung!"

Wenig später kommt die Bäuerin mit den ersten Tellern und serviert uns alles, was der Bauernhof so hergibt. Es ist, kurz gesagt, das leckerste Essen, das ich auf unserer Reise bisher gegessen habe: Salami, Schinken und gebratene Zucchini. Pilze und hausgemachtes Brot. Butter, Frischkäse und Mozzarella, der jedem Galbani-Produzenten die Schamesröte ins Gesicht treiben würde. (Ernsthaft, Galbani: Euer Mozzarella hat so sensationell wenig mit dem hier erhältlichen Produkt des gleichen Namens zu tun, dass ihr euren Schwerpunkt vielleicht doch eher auf die Tennisballproduktion legen solltet!) Und eben: Pellkartoffeln. Einfache, kalte Pellkartoffeln mit Öl und Salz. Dass mich ein Teller davon mal zu einem dreiminütigen Biolek-Gedächtnis-„Mhhhm, doll!" bringen würde, hat mich selbst überrascht.

Mit vollem Bauch und einem seligen Grinsen im Gesicht kehren wir zu unserem Campingplatz zurück und ich frage den Campingbär, wann wir morgen denn auschecken müssen:

„At ... äh ... at about ... äh ... Actually, I don't care."

Ach, ich mag Bergmenschen.

***

„Wiiiiieeeeek. Wiiiiiieeeek. Wiiiiieeeek ..." – diese Schaukel macht mich bekloppt.

Wir haben den Lago di Scanno nach drei Tagen schweren Herzens verlassen und stehen jetzt auf einem Campingplatz bei San Benedetto del Tronto. Es war eher eine Notlösung, da uns die Fahrt in einem Rutsch bis nach Ancona zu weit war und wir auch nicht unbedingt am Fährhafen übernachten wollten. Also haben wir irgendwo am Meer halt gemacht und sind jetzt auf dem engsten Campingplatz der Welt gelandet, durch den noch dazu eine Eisenbahnlinie führt. Ja, richtig gelesen: eine Eisenbahnlinie. Durch den Campingplatz. Alle zehn Minuten heißt es: „Ratter, Ratter" – Güterzug. „Ratter, Ratter" – Personenzug. Wie jemand auf die Idee kommt, hier seinen Sommerurlaub zu verbringen, ist mir ein völliges Rätsel.

Die Pausen zwischen dem Zuggeratter werden dann aber vom eigentlichen Stimmungskiller auf diesem Campingplatz ausgefüllt: von einer hartnäckig und sehr trommelfellunfreundlich quietschenden Schaukel.

„Wiiiieeeek, Wiiiieeeek … Ratter, Ratter … Wiiiieeek, Wiiiieeek!" So geht es den ganzen Abend.

„Morgen früh öle ich das Ding", sage ich irgendwann genervt zu Stefan, habe mein Vorhaben aber fünf Minuten später schon wieder vergessen.

Stefan nicht.

Morgens um sechs öffne ich die Augen. Mein Mann ist schon topfit, steht neben dem Bett und hat unsere WD40-Sprühdose in der Hand.

„Sollen wir?", fragt er.

„Sollen wir was?"

„Na, die Schaukel ölen!"

Drei Minuten später schleichen wir auf den Spielplatz. Stefan setzt sich auf die Schaukel und schwingt hin und her: „Wiiiieeeek … Wiiiieeeek!"

Ich verpasse der Aufhängung zwei kräftige Sprühstöße.

„Wiiiieee … … …"

Stille.

Wir strahlen uns an. Dann hauen wir schnell ab.

Morgens um sechs heimlich auf einen Spielplatz schleichen, um eine Schaukel zum Schweigen zu bringen. Ich glaube, wir sind die deutschesten Vandalen der Welt.

***

Wir verabschieden uns von den Abruzzen und machen uns auf den Weg zur Fähre nach Ancona. So richtig wissen wir immer noch nicht, wohin die Weiterreise gehen soll, aber laut Wetterkarte ist es im Osten momentan gut auszuhalten: Ungarn, Tschechien, die Slowakei – alle drei Länder erfüllen unsere (und Bärbels) Hauptanforderungen an zukünftige Reiseziele: kein Regen und irgendwas um die 25 Grad.

Wir sind jetzt knapp einen Monat unterwegs und haben rund 4.000 Kilometer zurückgelegt. Die ersten Freunde fragen, wann wir denn zurückkommen. Entweder sie haben es wirklich vergessen oder sie haben nie so recht geglaubt, dass wir wirklich für vier Monate verschwinden. Für uns gibt es da aber keinen Zweifel: Wir genießen jede Sekunde dieser Reise. Kürzlich haben wir uns zum ersten Mal darüber unterhalten, was wir denn vermissen, und waren uns ganz schnell einig: nichts, außer ein paar Menschen. Der Job, der Fernseher, die Wohnung, Köln – nichts davon fehlt uns hier wirklich. Aber für einen Grillabend mit Freunden würde ich durchaus mal 'nen Schlenker fahren.

Übrigens gefällt nicht nur uns die Reise: Ich habe mittlerweile unter dem Hashtag #EuropaTour sieben Texte darüber auf meiner Facebook-Seite veröffentlicht. Die Begeisterung der Leser fasziniert mich immer wieder. Inzwischen folgen mir über 20.000 Menschen und geben täglich neue Tipps für die Weiterfahrt. So ganz ohne Facebook-Kommentar möchte ich dieses Kapitel deshalb auch nicht beenden:

Uli R. schreibt: „Ich dachte immer, Abruzzen wäre so ein Scheuerschwamm für Töpfe. Wieder was gelernt."

Ja. Ich auch. So viel gelernt. Jeden Tag.
Ab nach Osten!

TEIL II

NACH OSTEN

7. REGENBOGEN MIT BEGLEITSCHUTZ

Split (Kroatien)

Bjarne F. schreibt: „Unbedingt einen Zwischenstopp in Split einlegen! Vielleicht kommt dir der Innenhof des Diokletianpalastes bekannt vor!"

***

Ein Abstecher nach Split – dazu muss man uns ja nie lange überreden. Zumal unser Plan, von Ancona nach Zadar zu fahren, schon daran gescheitert ist, dass es keine Fähre nach Zadar gab. (Übrigens: Wenn man längere Zeit am Hafen von Ancona auf dem Parkplatz steht, die Sonne aufs Auto brennt und man sich ein bisschen Schatten verschaffen will, empfiehlt es sich, nicht einfach ein Tuch in die geöffnete Schiebetür zu hängen. Nachdem der dritte Freier hoffnungsvoll den Vorhang lupfte, hängten wir das Tuch wieder ab.) Wir hatten nur die Wahl zwischen Split und Griechenland. Tatsächlich kam ich kurz noch mal ins Grübeln und warf einen Blick auf die Wetterkarte: immer noch 40 Grad in Athen. Es ging einfach nicht.

Also Split. Die inoffizielle Hauptstadt Dalmatiens und zweitgrößte Stadt Kroatiens gehört für mich schon seit Langem zu den schönsten und vielseitigsten Orten Europas: überall römische und venezianische Baudenkmäler, wunderbare Strände in der unmittelbaren Umgebung und ganzjährige Ausgehmöglichkeiten bei milden Nächten unter gelblichem Laternenlicht. An Split einfach nur vorbeizufahren, ist ein bisschen, wie eine Essenseinladung von Bocuse mit den Worten „Schrecklich nett, aber ich hab noch 'nen Curryking im Kühlschrank!" auszuschlagen.

Wenn man sich nicht zum Affen machen will, sollte man übrigens nicht, wie ich bei meinem ersten Split-Besuch, den ganzen Tag durch die Stadt tigern und abends entnervt einen Einheimischen fragen, wo denn nun der verdammte Diokletianpalast ist. Die Innenstadt IST der Diokletianpalast. Jede Straße, jedes Haus, das hier steht, war mal Teil davon. Man muss sich nur all die Eisdielen, Bars und Klamottenläden wegdenken und rund 1.700 Jahre in der Zeit zurückreisen, schon steht man im spätrömischen kaiserlichen Alterswohnsitz.

Um in Split einen denkwürdigen Abend zu verbringen, muss man noch nicht mal viel Geld ausgeben. Es reicht schon, sich eine Flasche Wein und ein paar Gläser unter den Arm zu klemmen und sich im Innenhof eben dieses Diokletianpalastes auf die spiegelglatt gelaufenen Treppen zu setzen: Irgendwo macht immer jemand Musik, sofort kommt man mit anderen Touristen aus der ganzen Welt ins Gespräch und kann mit ihnen rätseln, woher einem die Kulisse bekannt vorkommt. (Spoileralarm: Es ist der Hof, unter dem Daenerys Targaryen in „Game of Thrones" ihre Drachen zwischenparkt – wie man sieht, ist „GoT" immer ein ziemlich sicherer Tipp, wenn einem in Kroatien etwas bekannt vorkommt!)

Lustigerweise scheinen viele Spliter die Begeisterung der Touristen für ihre Stadt nicht recht zu verstehen: Diesmal ist es eine T-Shirt-Verkäuferin mit blauen Wimpern und traurigem Blick, die mir eine halbe Stunde vorjammert, wie überlaufen und heiß hier alles sei und dass es in der ganzen Stadt stinke (das ist stark übertrieben, aber an der Hafenpromenade weht einem tatsächlich ganzjährig ein zarter Hauch von Abfluss in die Nase). Gleichzeitig erzählt sie mir, dass sie mehrere Jahre in

Deutschland gelebt habe und dort sowieso alles besser sei. Wenn sie könnte, würde sie sofort wieder in ihre deutsche Traumstadt ziehen.

Welche das denn sei, frage ich. Berlin? Hamburg? Köln?

Ihre Augen leuchten: „Koblenz!"

Tja. Also.

Nichts gegen Koblenz, aber wenn ich mich entscheiden müsste zwischen Debbekooche am Deutschen Eck und Calamares an der Kroatischen Adria, dann hätte ich quasi schon die Strandmatte unterm Arm.

***

Wir finden einen Campingplatz in Stobreč, nur wenige Kilometer von Split entfernt. Leider stellt uns das mal wieder vor ein kleines Transportproblem, denn Hunde sind auch in Split und Umgebung im Bus verboten. Taxifahrer sträuben sich ebenfalls, Bärbel mitzunehmen. Wenn wir also in die Innenstadt wollen, bleibt uns nur der Fahrradanhänger. Prinzipiell eine gute Lösung – aber nur, wenn man kein Problem damit hat, von Einheimischen wahlweise ausgelacht, angebrüllt oder gestisch für vollkommen bescheuert erklärt zu werden. Kroaten besitzen zwar viele Hunde, haben aber bei Weitem kein so enges Verhältnis zu ihnen wie wir. Ein kroatischer Hund liegt gefälligst den ganzen Tag im Hof, bellt Passanten an und freut sich, wenn sein Herrchen abends nach Hause kommt. Ende der Lebensgeschichte. Ein Hund mit eigenem Anhänger erregt hier deshalb ungefähr so viel Aufmerksamkeit wie bei uns eine Kakerlake mit Privatjet.

Ich gehe darum fest davon aus, dass man sich in Split noch heute die Legende von den „Zwei bekloppten Glatzen mit dem Hund in der Sänfte" erzählt.

***

„Sag mal ... hast du auch das Gefühl, dass es hier ein bisschen ... schwul zugeht?", fragt mich Stefan.

Wir sitzen nach einem Abendessen mit butterweichem Tintenfisch, Kabeljau-Ceviche und vor allem, für Kroatien sehr ungewöhnlich, ohne jeglichen Mangold in einer Seitenstraße der Spliter Altstadt und trinken eine Caipirinha. Ich schaue mich um. Tatsächlich: links ein etwas älteres Männerpärchen mit farbenfrohen Tanktops, rechts zwei durchtrainierte Muskelbären, geradeaus zwei oberlippenbärtige Hipster mit Leinenshorts und Jutetasche. Links wird wild gegackert, rechts unverständlich gebrummt und in der Mitte trendbewusst geschwiegen – mein Gaydar weiß gar nicht, in welche Richtung er zuerst ausschlagen soll.

„Haben wir mal wieder einen Christopher Street Day verpasst?"

Stefan und ich sind keine großen CSD-Touristen. Ich finde die Schwulen- und Lesbenparade in Köln wichtig und richtig und mit jedem AfD-Abgeordneten im Bundestag wird sie noch ein bisschen unverzichtbarer. Wir gehen auch jedes Jahr hin, aber wenn man in Köln wohnt, kann man sich ja nicht gerade über zu wenige homosexuelle Events beklagen, weshalb wir noch nie zu einem Christopher Street Day in eine fremde Stadt gereist sind. Es passiert uns eher, wie 2016 in Rom, dass wir einen Wochenendtrip planen und erst am Abend merken, dass wir den örtlichen CSD offensichtlich um ein paar Stunden verpasst haben.

Ich recherchiere also auf meinem Smartphone und tatsächlich: „Morgen ist Split Pride!"

Wir beschließen, noch ein paar Tage dranzuhängen. Denn einen CSD in einem Land wie Kroatien, in dem die katholische Kirche noch immer massiven Einfluss auf

Gesellschaft und Politik hat, und wo deshalb vor ein paar Jahren sogar in der Verfassung verankert wurde, dass eine Ehe immer nur zwischen Mann und Frau geschlossen werden darf (auch an dieser Stelle noch mal: Herzlichen Dank für gar nichts, katholische Kirche!), den stelle ich mir ein bisschen anders vor als in unserer gemütlich rundtolerierten „Jeder Jeck ist anders"-Heimatstadt.

***

Noch am Abend nehme ich Kontakt mit Mara auf, einer der Organisatorinnen des Split Pride, die mich direkt zur Parade am nächsten Tag einlädt. Ich recherchiere ein bisschen und finde bei Youtube Clips vom ersten Split Pride im Jahr 2011. Die Videos lassen meine Laune schnell in den Keller rutschen: Damals standen die rund 300 Demonstranten einem Heer von 10.000 Schwulenhassern gegenüber, die die Teilnehmer beschimpften, auspfiffen und später mit Steinen bewarfen und mit Tränengas beschossen. Die kroatische Polizei schritt nur halbherzig ein, es gab Verletzte.

Ich kann es gar nicht glauben. 2011! Das ist gerade mal sechs Jahre her! Wenn man im rosa Kölner Elfenbeinturm lebt, vergisst man oft, dass die Situation von Homosexuellen weiß Gott nicht in ganz Europa, ja noch nicht mal in ganz Deutschland so entspannt ist wie bei uns.

Ich lese weiter und erfahre, dass die kroatische Regierung nach massiver Kritik aus der Europäischen Union einiges in die Wege geleitet hat, um so einen Gewaltausbruch in Zukunft zu verhindern. Am nächsten Tag lasse ich also Stefan und Bärbel auf dem Campingplatz (Demos sind mit Hunden noch unentspannter als ohne) und fahre mit einem leicht mulmigen Gefühl zum Treffpunkt am Grgur-Ninski-Denkmal, einer etwas gichtigen, an Gandalf erinnernden Bronzestatue am Rande der Spliter Altstadt. Schon von Weitem sehe ich die Polizisten, die in dicken Uniformen und mit Maschinengewehren um den Hals ein kleines, buntes Grüppchen in der Mitte des Platzes bewachen. Ich suche Mara, was sich aber in der wuseligen Paradevorbereitung als Ding der Unmöglichkeit herausstellt. Es werden ein paar Reden auf Kroatisch gehalten, irgendwann schnappen sich alle Versammelten ein „Legalize Love!"-Plakat oder eine Regenbogenfahne und die Parade formiert sich. Mein Blick fällt noch mal auf die Polizisten am Straßenrand. Ich sehe ihre Waffen und die grimmigen Gesichter. Sehe, wie sie Straßen abriegeln und sich skeptisch schauenden Anwohnern in den Weg stellen. Zum ersten Mal in meinem Leben habe ich bei einem CSD tatsächlich Schiss. Erst als ein dünner, blasser Junge mit einem „Is it gay in here or is it just me?"-Plakat an mir vorbeiläuft, muss ich lachen und schließe mich der Truppe an.

Mit Trillerpfeifen und Sprechchören ziehen wir durch die Stadt. Jede Seitenstraße wird von Polizisten bewacht. Es gibt hier tatsächlich mehr Sicherheitskräfte als Paradeteilnehmer. Viele Passanten beäugen uns kritisch. Köpfe werden geschüttelt, Augenbrauen hochgezogen. Das ist aber schnell egal, denn dazwischen stehen auch immer wieder jüngere Zuschauer, meistens Touristen, die uns frenetisch zujubeln und sich teilweise sogar der Parade anschließen. Spätestens als die Organisatoren an einem großen Platz mitten im Diokletianpalast die Regenbogenfahne hissen und die Menge in Jubel ausbricht, wird klar: Hier schießt heute niemand mit Tränengas.

Nach der Parade finde ich endlich Mara und frage sie, warum so viele Frauen und so wenige Männer bei dem Umzug zu sehen waren.

„Zum einen feiern die Schwulen hier lieber in den Clubs, als auf der Straße um ihre Rechte zu kämpfen", erklärt sie etwas ernüchtert. „Zum anderen haben sich die Homophoben in den letzten Jahren immer die Schwulen zum Verprügeln geschnappt. Bei uns Frauen haben sie scheinbar Hemmungen."

Zwei holländische Jungs, die neben uns stehen und Bier aus Plastikbechern trinken, haben das mitbekommen und schütteln fassungslos den Kopf.

„Verprügeln? Warum?"

Holländer verstehen das offensichtlich noch weniger als Kölner.

Ob sie ein Paar seien, frage ich die beiden.

Nee, lachen sie, ihre Freundinnen lägen am Strand.

„Warum seid ihr dann hier?"

Sie schauen mich an, als wäre das die dümmste Frage, die sie seit Langem gehört haben. Dann heben sie ihre Plastikbecher:

„Na ... weil es Bier gibt!"

Man sollte nie die verbindende Kraft des Bieres unterschätzen.

***

Der nächste Tag beginnt mollig: 37 Grad. Und das morgens um elf. Wir sind noch immer auf dem Campingplatz in Stobreč und ich hänge die Wäsche auf eine Leine in der prallen Sonne. Zehn Minuten später steht Stefan auf und hängt die mittlerweile furztrockene Wäsche wieder ab.

Ich versuche, Bärbel, die hechelnd unter unserem Auto liegt, zu einer Abkühlungsschwimmrunde am Hundestrand zu überreden. Vergeblich. Sie streckt einen Fuß ins Wasser, tappt dann wenig begeistert zurück und legt sich sofort wieder in den Schatten. Da Stefan und ich insgesamt keine guten Rumlieger sind, überlegen wir, was unsere nächste Station werden könnte. Es ist Zeit, mal wieder ein paar Facebook-Tipps zu lesen:

Rüdiger K. schreibt: „Wenn du noch mal 'nen Zwischenstopp in Slowenien machen möchtest: In Maribor müsste gerade das Lent Festival stattfinden!"

Ach Mensch ... ein Abstecher nach Slowenien ... dazu muss man uns ja nie lange überreden!

8. DER BERG RUFT

Maribor (Slowenien)

„Wenn es heiß ist und du bist am Meer, bleib da. Es sei denn, du findest Berge. Dann nimm die."
(Alte Camperregel)

Na gut, die Regel habe ich gerade erfunden. Aber sie macht Sinn! Es sei denn, es gibt … Hagel!?! Ernsthaft: Ich weiß, wir haben uns ein bisschen kühlere Temperaturen gewünscht, aber Hagel? Wir sind gerade auf dem Weg von Split nach Maribor, arbeiten uns immer weiter ins kroatische Hinterland vor und verstehen allmählich, was die Rezeptionistin in Trogir mit ihrem harschen Urteil über Nordost-Kroatien meinte („It's like going to Bulgaria!"): Die Gegend wird grauer, karger, das Meer und die Sonne sind weit weg – und jetzt fängt es tatsächlich auch noch an zu hageln. Wir haben der Adria vor nicht mal drei Stunden den Rücken gekehrt und überlegen schon jetzt, ob das wirklich eine gute Idee war. Zagreb lassen wir rechts liegen, Ljubljana links. Immer weiter geht es nach Norden. Der Hagel hört wieder auf. Nach drei weiteren Stunden erreichen wir Maribor, finden einen Wohnmobilstellplatz am Rande der Stadt und richten uns dort ein. Während ich unser Stromkabel anschließe, setzt leichter Nieselregen ein.

Tja. Schätze, ich darf mich nicht beschweren: Genau das hatte ich mir ja noch in Apulien gewünscht.

***

Vincent R. schreibt: „In Maribor könnt ihr den historischen Wahnsinn des 20. Jahrhunderts gut nacherleben: Die Stadt gehörte allein in den letzten 100 Jahren fünf verschiedenen europäischen Nationen an!"

***

Fünf Nationen – das muss man erst mal schaffen. Slowenien ist klar, auf die zweite kann man kommen, wenn man weiß, dass Maribor früher „Marburg an der Drau" hieß. Richtig: Österreich. Genauer gesagt, seit 1867, Österreich-Ungarn. Und tatsächlich sieht die Innenstadt aus, als hätte man eine österreichische Kleinstadt einfach 50 Kilometer nach Süden gebeamt: helle Fassaden mit rötlichen Fensterumschnörkelungen, barocke Kirchen, eine Pestsäule mit Marienstatue. Hier könnte auch gut Peter Alexander durch die Fußgängerzone schlendern, Kellnerinnen beschwingt über die Wange streichen und „Im Salzkammergut, da kammer gut lustig sein" trällern.

Wohlgemerkt: Wir reden von der Innenstadt. Sobald man die auch nur ein paar Meter verlässt, sieht es völlig anders aus. Maribors Altstadt ist wie ein Seerosenblatt in einem Matschtümpel: Sobald man einen Schritt zu weit nach links oder rechts macht, wird's ungemütlich (übrigens ein Eindruck, den wir in den nächsten Wochen im Osten noch oft haben werden).

Wir bummeln ans Ufer der Drau zum Lent Festival. Einmal im Jahr zieht Maribor Künstler, Artisten und Musiker aus aller Welt an, die im ehemaligen Flößerviertel Lent ihr Können zur Schau stellen. Gerade übermalt ein Dreadlockträger im weiten Leinenhemd einen Zebrastreifen mit Regenbogenfarben. Ein Seniorenchor, der eben noch wortlos auf einer Bierbank saß und in seiner schwarzen Tracht eher aussah wie eine Leichenschmaus-

Gesellschaft, stimmt plötzlich ein fröhliches slowenisches Volkslied an. Kniewunde Skater bauen einen Parcours auf und zeigen ein paar Tricks. Daneben stehen zahlreiche Buden und Bühnen, es gibt Wurst und Pommes, Cocktails und Livemusik. Wir besorgen uns eine Caipirinha und stehen fußwippend am Rand einer Jazzbühne. Wir sind gerade so richtig im Festivalmodus und finden, kurz gesagt, alles toll (na gut, die Caipirinha wirkt), da deutet Stefan zum Himmel: Ein Gewitter zieht auf. Und zwar, wenn mich nicht alles täuscht, ein ordentliches.

Wir lassen die Cocktails stehen, eilen zu unseren Rädern und fahren zum Stellplatz, den wir in der allerletzten Minute erreichen: Gerade als wir die Schiebetür hinter uns schließen, setzt der Regen ein. Nein, Regen ist eigentlich das falsche Wort: Es ein feuchter Mini-Weltuntergang. Einer der großen Vorteile eines Wohnmobilurlaubs (im Vergleich zum Urlaub im Zelt) ist aber, dass einem so ein Wolkenbruch herzlich egal sein kann: Wir sitzen im Trockenen, machen unsere letzte Flasche kroatischen Weins auf und tippen auf unseren iPads herum (vor allem, um zu erfahren, welchen anderen drei Nationen Maribor im vergangenen Jahrhundert angehörte: Königreich Jugoslawien, Deutsches Reich und Sozialistische Republik Jugoslawien).

Es gießt immer weiter. Der ganze Platz steht mittlerweile unter Wasser. Es ist uns egal. Dann geht das Licht aus.

Aufgebrachte holländische Mitcamper rennen über den Platz, suchen nach dem Sicherungskasten, ziehen Stromkabel aus dem Wasser und fluchen.

„Und was machen wir jetzt?", frage ich Stefan.

„Das einzig Vernünftige."

Fünf Minuten später liegen wir im Bett.

***

Der Mann in der Gondel macht mir Angst. Wir fahren gerade mit der Bergbahn von Maribor ins Pohorje-Gebirge, um dort ein bisschen zu wandern. Kurz bevor sich die Türen an der Talstation schlossen, hatte sich noch ein slowenisches Pärchen in unser Abteil gekämpft: Sie ist sehr klein und zierlich, hat braune, üppige Locken, ein freundliches Lächeln und trägt eine farbenfrohe Outdoorjacke. Er dagegen sieht aus wie ein etwas aufgeschwemmter Ostblock-Rambo: Ein Mikrofaser-Stirnband fixiert seine strähnigen Haare am Kopf. Auf seiner Wange prangt eine Narbe. Jede Tasche seiner Camouflagejacke scheint bis zum Bersten mit Equipment gefüllt. Ebenso der riesige Militärrucksack auf seinem Rücken, an dessen Seite zu allem Überfluss ein Messer baumelt.

Während ich leicht unsicher auf das Messer starre, beginnt Stefan ein Gespräch mit den beiden. Er deutet auf den dicken Rucksack und fragt: „Wie lange wollt ihr denn wandern?"

„Sieben Tage", antwortet Slowenen-Stallone. Mehr sagt er nicht. Seine Freundin lächelt. Wir nicken ehrfürchtig. Immer, wenn ich solchen Hardcore-Wanderern begegne, die sich offensichtlich mehrere Tage durch die Wildnis kämpfen, in Schutzhütten schlafen und sich von den Früchten des Waldes ernähren, komme ich mir mit unseren 9-Kilometer-Wellness-Wanderungen schrecklich weicheiig vor.

Wir bummeln also durch das Pohorje-Gebiet (in dem im Winter übrigens ordentlich Ski gefahren wird), laufen von der Bergstation zur Sankt-Heinrich-Kirche und machen Mittagsrast an der Ruška Koča. Der Ausblick von dieser auf knapp 1.300 Metern gelegenen Hütte ist spektakulär, das Essensangebot nicht: Es gibt Eintopf und Hirschgulasch, und da es selbst hier oben mittags knapp

30 Grad im Schatten hat, also eher Wassermelonen- als Eintopfwetter, mümmeln wir lieber ein bisschen an unseren trockenen Sandwiches herum.

„Was hältst du davon, wenn wir den Rückweg komplett laufen? Ohne Bergbahn?", fragt Stefan.

„Klar! Wollte ich auch schon vorschlagen", sage ich, noch immer angestachelt von den slowenischen Survival-Wanderern aus der Gondel.

Tja.

Man sollte sich einfach nicht von fremden Menschen beeinflussen lassen.

Der „Weg" nach unten, den uns Stefans neue Wander-App anzeigt, erweist sich schlicht als die kürzestmögliche Verbindung zwischen Berg- und Talstation. Es ist kein Weg, es ist eine ziemlich gerade Linie. Wir kraxeln also zwei Stunden auf schnürsenkelbreiten Pfaden mehr oder weniger senkrecht den Berg hinab, ächzen und fluchen, stolpern und schauen immer mal wieder sehnsüchtig in den Himmel über uns, wo eine Gondel nach der anderen entspannt Richtung Tal schwebt.

Völlig fertig sitzen wir schließlich an der Talstation in einem Café und schütten literweise Mineralwasser in uns hinein. Gerade als wir uns wieder imstande sehen, weiterzulaufen, kommen Slowenen-Stallone und seine Freundin gut gelaunt aus der Bergbahnstation.

„Ich dachte, ihr wolltet sieben Tage wandern?", frage ich verwundert.

Er schaut mich verständnislos an: „Ja, klar: heute wandern, morgen wieder wandern und so weiter."

Vielleicht sind wir ja doch gar nicht so weicheiig.

***

Yvonne W. schreibt: „Fahrt von Slowenien weiter in die Steiermark! Dir als Unterfranken wird das gefallen: Barock, Wein, Heilige ... Und die Steirer versteht man genauso schlecht wie euch Franken!"

***

Das ist natürlich einerseits eine bodenlose Unverschämtheit, andererseits vielleicht eine sehr gute Idee, denn unseren Plan, direkt nach Ungarn zu fahren, haben wir schon wieder verworfen. Das ganze Land ächzt gerade unter einer Hitzewelle, in Österreich und Tschechien dagegen scheint es erträglich zu sein.

Und falls nicht: Mit österreichischem Wein und tschechischem Bier werden wir es uns schon erträglich machen.

9. FATSCHN DUTSCHN LACKL

Steiermark (Österreich)

André L. schreibt: „Wart ihr schon mal in Graz? Wenn nicht, wird's Zeit! Schau mal, ob du den ‚künstlichen Schlangen-Versteckplatz' an der Mur findest!"

***

Ein künstlicher Schlangen-Versteckplatz – da hab ich so viele Fragen. Warum versteckt man denn Schlangen? Und was genau ist daran künstlich – der Versteckplatz oder die Schlangen? Und wer oder was ist überhaupt die Mur?

Wir steuern also Österreichs zweitgrößte Stadt an, parken unser Auto am Ufer des Flusses, der sich durch ganz Graz zieht (und übrigens Mur heißt – erste Frage beantwortet!), und widmen uns unserer neuen Lieblingsbeschäftigung: Sightseeing in brütender Mittagshitze. Allerdings wirken österreichische Städte im Gegensatz zu italienischen auch bei diesen Temperaturen nicht wie verlassene Goldgräbernester, sondern die Straßen sind überraschend voll. Mit überraschend entspannten Menschen. Das ist nämlich das Sympathische an Graz: Hier kommt alles ein bisschen ruhiger und weniger wichtig daher als im sich generell viel zu ernst nehmenden Wien. (Scheint eine Hauptstadtkrankheit zu sein. Nicht wahr, Berlin?)

Auch wirkt die Architektur hier nicht so martialisch-überladen-pompös wie in der 200 Kilometer nördlich liegenden Donau-Metropole. Eine der Hauptsehenswürdigkeiten in Graz ist zum Beispiel das „Gemalte Haus", was im Grunde, Überraschung!, ein bemaltes Haus ist. Immerhin: Wir reden von 220 mit griechischen und römischen Göttern verzierten Quadratmetern Fassade. Trotzdem: Es bleibt ein bemaltes Haus. Kann man sich anschauen, kann man auch lassen. Vielleicht denkt sich ja der ein oder andere Hausbesitzer mit Graffitiproblem an dieser Stelle beruhigt: „Na wenigstens das: In 200 Jahren isses 'ne Attraktion!"

Das Sightseeing hat man in Graz also recht schnell abgehakt und kann sich dann den angenehmeren Dingen widmen – zum Beispiel in irgendeinem Café eine der zahllosen Kaffeespezialitäten genießen. Das geht hier nämlich mindestens genauso gut wie in Wien. Man bekommt einen kleinen Schwarzen, einen großen Schwarzen, einen kleinen Braunen, einen großen Braunen, einen Verlängerten, einen Verkürzten, einen Gedrechselten, einen Gezwirbelten – offensichtlich wird jeder einzelnen Kaffeebohne, die es nach Österreich schafft, direkt eine eigene Zubereitungsart gewidmet.

Ich könnte übrigens in Graz, wie überall in Österreich, den halben Tag damit verbringen, Schilder und Plakate zu studieren. Es gibt eine „Schnellsohlerei" (die „Langsamsohlerei" ging vermutlich in Konkurs), eine „Wurmbrandgasse" (es werden einfach insgesamt viel zu selten Würmer angezündet), die „Grazer Wechselseitige" (klingt nach Swingerclub, ist aber wohl nur eine Versicherung) und die Straßenbahn heißt „Altstadt-Bim" (wenn die Deutsche Bahn mal wieder nach einem neuen Namen für den ICE sucht: Ich bin für „Überland-Zisch").

Auf dem Rückweg zum Auto finden wir dann auch noch das Schild für den „künstlichen Schlangen-Versteckplatz". Es weist auf ein von der Stadt angelegtes Areal hin, in das sich steirische Schlangen nach einem anstrengenden Arbeitstag voller Geschlängel und Gezischel zurückziehen, die nicht vorhandenen Füße hochlegen und ihren Feierabend genießen können. Work-Life-Balance scheint hier ein sehr großes Thema zu sein.

Natürlich sieht man am Schlangen-Versteckplatz keine Schlangen, denn, na ja, die verstecken sich ja. Diese „Attraktion" rangiert auf meiner Liste der Must-sees in Europa deshalb ganz knapp hinter dem Vivarium in Postojna.

Wir besteigen unseren rollenden Schwuppen-Versteckplatz und verlassen Graz.

***

Erika Z. schreibt: „Fahrt an die Südsteirische Weinstraße. Hinter Ehrenhausen geht es in die Berge, der Wein dort ist genauso spektakulär wie die Aussicht!"

Ich schreibe: „Schade, da sind wir schon dran vorbei."

Erika Z. schreibt: „Dreht sofort um! Ernsthaft! Da fährt man doch nicht einfach dran vorbei! Es gibt Wein! Und Käse! Und Backhuhn!"

Ich schreibe: „Na, wenn das so ist …"

***

Falls ich eines fernen Tages mal eine Autobiografie schreibe, trägt sie wahrscheinlich den Titel „Mit Essen kriegste mich immer". Nichts überzeugt mich mehr und schneller als die Aussicht auf liebevoll zubereitete Nahrung. Liebevoll eingeschenkte Getränke schaden übrigens auch nicht. Zum Glück ist Stefan da ganz auf meiner Linie. Wir haben schon Fahrradtourstrecken in Frankreich mittels absurder Umwege mehr als verdoppelt, nur weil wir auf der Landkarte den Ort Époisses entdeckt hatten – die Heimat unseres gleichnamigen Lieblingskäses.

Wir machen deshalb auch jetzt tatsächlich wieder kehrt, fahren von Graz aus noch mal ganz in den Süden, keine zehn Kilometer vor die slowenische Grenze, und rollen durch Ehrenhausen, ein pittoreskes Städtchen an der Südsteirischen Weinstraße, samt romantischen Brücken und Rokoko-Wallfahrtskirche zur „Schmerzhaften Mutter Maria" (dass bei den Katholiken immer so viel gelitten werden muss!). Unser Ziel ist ein alter Bauernhof in Gamlitz, der jetzt laut Internet über einen sehr ansehnlichen Wohnmobilstellplatz verfügt. Und über eine Buschenschenke. Mit eigenem Weinbau. Und Käseplatten. Und Jauseplatten. Und einem Genussmuseum, einem üppigem Frühstück am Morgen und hausgemachtem Kuchen am Nachmittag.

Sie hatten mich spätestens bei „Käseplatte".

***

„Kann es eigentlich sein, dass wir alt werden?", frage ich Stefan.

„Wieso?"

„Na ja, ich trau mich's kaum zu sagen, aber ... ich finde Österreich richtig geil! Macht man das nicht erst so ab 60?"

Früher war Österreich für mich eher das Land, wo Familie Barth halt hingefahren ist, weil sie sich Spanien und Italien nicht leisten konnte. Aufregend fand ich es nie: Österreich, da dachte ich an Hans Moser und Betulichkeit und Trachten und Umptata. Heute weiß ich gar nicht mehr so recht, warum man bis nach Spanien fahren sollte. Vor allem im Sommer. Es ist einfach viel zu perfekt hier: Badeseen, grüne Hügel und steile Weinberge, barocke Kirchen und Heiligenfiguren überall, Buschen-schenken, Hofkäsereien und an jeder Ecke gibt es Kern-öl, das die berühmten „Steirer Buam" bekanntlich mit bloßen Händen aus Kürbiskernen pressen. Wenn man einem Amerikaner sagen würde: „Mal doch mal Europa", käme vermutlich genau diese Landschaft her-aus (vorausgesetzt, der Amerikaner weiß, dass Europa links und rechts vom Hofbräuhaus noch weitergeht). Einziges Manko: Wir haben zum ersten Mal auf unse-rer Reise mit Sprachproblemen zu kämpfen. Bisher ka-men wir ja immer ganz gut mit Englisch und Deutsch durch. Was der Steirer so spricht, hat aber wirklich nur noch entfernt mit der deutschen Sprache zu tun. Ande-rerseits fragt man einen Österreicher ja auch nicht ein-fach so: „Äh sorry, in English maybe?" Deswegen spielt man das Spiel einfach mit, und wenn der Kellner nach dem Essen abräumt und so was sagt wie: „A Fatschn Dutschn Lackl gselchtes!", nickt man halt freundlich und antwortet etwas Unverbindliches wie: „Ja, aber morgen soll's ja wieder schöner werden!"

Was ich an den Steirern besonders liebe, ist ihre Un-aufgeregtheit. Wenn es ein Copyright auf Entspannung gäbe, wäre es sicher fest in steirischer Hand. Man kann hier ganz wunderbar hängen bleiben. Aus unserer einen Nacht in der Steiermark wurden schon zwei. Und ich sehe eigentlich keinen Grund, warum es nicht auch drei werden sollten.

Zum Glück sieht Stefan das ganz genauso: „Wenn Altwerden sich so anfühlt, dann möchte ich nie wieder jung sein!"

***

Der dritte Tag in Gamlitz ist für uns in zweierlei Hin-sicht etwas Besonderes: Es ist unser neunter Hochzeitstag. 2008 sind Stefan und ich die „Eingetragene Lebenspartnerschaft" eingegangen (mein Gott, wie das klingt: „Eingetragen". „Lebenspartnerschaft". Und dann auch noch „eingehen": wie eine Pflanze, die bei all dem bürokratischen Geschwurbel den Geist aufgibt). In diesem Jahr feiern wir das Ganze noch ein bisschen aufgeregter, denn in wenigen Tagen will der Bundestag die „Ehe für alle" beschließen.

Apropos Ehe: Immer wieder fragen uns Leute auf unserer Reise, wie das denn sei, wenn man eine so lange Zeit mit seinem Partner auf so engem Raum verbringt (wir sind jetzt gut fünf Wochen unterwegs, planen, noch mindestens elf weitere zu reisen, und unser Wohnmobil hat, großzügig gerechnet, eine Wohnfläche von acht Quadratmetern). Ich würde ja gerne ein paar wilde Geschichten von eskalierenden Streitereien mit fliegendem Plastikgeschirr und durchgeschmollten Nächten in der Duschkabine erzählen – es wäre aber einfach gelogen. Stefan und ich sind einfach keine begnadeten Drama-Schwuppen. Nicht, dass wir immer einer Meinung wären, auch bei uns raucht's manchmal kräftig. Danach ist dann eben kurz Funkstille, aber schon bald verzieht sich der Rauch auch wieder und man redet miteinander. Die „Ich hasse dich und du verstehst mich nicht und du vernachlässigst mich und dabei sind wir erst zwei Wochen zusammen"-Paare, die man früher oft in Nachmittagstalkshows gesehen hat, haben mir schon damals immer nur Fragezeichen ins Gesicht gezaubert.

***

„Wo geht's denn als Nächstes hin?", fragt uns der Besitzer des Wohnmobilstellplatzes. Es ist unser letzter Abend in Gamlitz und unsere dritte Käseplatte in seiner Buschenschenke. Wir haben mittlerweile Radtouren durch die Weinberge gemacht, uns quer durch den Motorikpark Gamlitz (eine Art Freiluft-Geschicklichkeitsparcours) gehangelt, Backhuhn gegessen, das Genussmuseum leer gekauft und mehrere Flaschen steirischen Weins geleert. Und wir wissen: Wenn wir hier nicht festwachsen und der Frühvergreisung anheimfallen wollen, müssen wir morgen unbedingt die Hühner satteln.

„Nach Tschechien", sage ich. „Hast du vielleicht Tipps für uns?"

Er überlegt kurz. Dann nickt er: „Ja. Fahrt's woanders hin."

Stefans Gesicht verfinstert sich augenblicklich. Ich fürchte, die Antwort unseres Wirtes bekräftigt seine eigene Skepsis, denn wann immer in den letzten Tagen das Thema Tschechien aufkam, wurde mein Mann ungewöhnlich still. Ich kenne ihn. Er würde wahrscheinlich nie sagen: „Komm, das lassen wir lieber!", aber wenn Stefan still wird, ist irgendwas im Busch. Leider wollte er mir noch nicht verraten, was.

Ich versuche die Stimmung ein wenig aufzulockern: „Haha … du machst Witze, oder?"

Der Wirt schüttelt den Kopf: „Ist nicht so mein Land. Aber na ja … müsst ihr selber wissen."

Dann räumt er die Käseplatte weg.

Ich kann gar nicht zählen, wie oft ich in den nächsten 14 Tagen an seine Worte denken werde.

10. SIND WIR HIER RICHTIG?

Mähren (Tschechien)

Ronny S. schreibt: „Wenn ihr nach Tschechien fahrt, solltet ihr auf jeden Fall direkt hinter der Grenze in Mikulov Station machen. Auf Schloss Nikolsburg residierten schon Bismarck und Wilhelm I.!"

***

„Direkt hinter der Grenze" trifft es wirklich sehr gut: Das 7.000-Seelen-Städtchen Mikulov ist keine drei Kilometer von Österreich entfernt. Wir bummeln durch den Ort, der uns seltsam bekannt vorkommt: Ein Marktplatz, eine Säule in der Mitte, eine Burg – es ist, als hätte man Maribor nach Norden gespiegelt. Nur die Menschen sind sehr anders. Stiller. Regelrecht verhuscht. Egal ob in dem Café, neben dem wir unser Wohnmobil geparkt haben, auf dem Marktplatz oder im wunderschönen Park rund um die Burg – niemand spricht mit uns, wenn er es nicht unbedingt muss. Im Gegenteil: Menschen, die wir ansprechen, laufen einfach wortlos davon:

„Hello, do you know ..." – zack, weg sind sie. Kroaten bleiben wenigstens stehen, um nicht mit dir zu sprechen. Aber hier?

Erst auf dem Lidl-Parkplatz am Stadtrand kommt es zum ersten zwischenmenschlichen Kontakt. Während Stefan Lebensmittel einkauft, sitze ich im Auto und suche im Führer nach einem Campingplatz. Die Besitzer des Wagens neben mir, ein leicht untersetzter Mann und seine violetthaarige Frau, kommen zu ihrem Auto, gestikulieren, brummen vor sich hin und machen finstere Gesichter. Offensichtlich habe ich für ihren Geschmack zu eng geparkt. Der Mann stellt sich schließlich vor unser Wohnmobil, stemmt die Arme in die Hüften und schaut auf mein Nummernschild:

„Aha. Ein FREUND aus Deutschland!", sagt er mit stark osteuropäischem Akzent und das „Freund" klingt nach allem, aber nicht nach Freundschaft. Ich setze mein harmlosestes Gesicht auf und versuche die Spannung aus der Situation zu nehmen:

„Soll ich ein bisschen zur Seite fahren? Damit Sie besser einsteigen können?"

Das wiederum scheint ihn völlig zu irritieren. Die Angriffslust verlässt sofort sein Gesicht, er zieht den Kopf ein, brummt „Nein, nein, geht schon", steigt zu seiner Frau ins Auto und zack, weg sind auch sie.

Gut, denke ich mir, daraus sollte man wohl noch keine voreiligen Schlüsse auf die Natur der Tschechen ziehen. Sehen wir's mal realistisch: Dieselbe Situation hätte ich auf jedem x-beliebigen fränkischen Parkplatz genauso erleben können. Mit noch stärkerem Akzent.

***

Die Auswahl an Campingplätzen in der Gegend ist überschaubar und so landen wir schließlich in Strachotín, einem 800-Seelen-Ort am Ufer des Nové-Mlýny-Stausees. Als wir ankommen, bin ich mir erst mal gar nicht sicher, ob wir tatsächlich auf einem öffentlichen Campingplatz sind. Alle Angestellten und sämtliche Mitcamper schauen uns jedenfalls an, als wollten sie sagen: „Was macht ihr denn hier?" Wäre ich auf ein wildfremdes Grundstück gefahren, hätte dort eine private Gartenparty gecrasht, zwischen Pergola und Kirschlorbeer geparkt und die Chemietoilette schwungvoll in die Hecke entleert, hätte ich vermutlich kaum erstauntere Blicke geerntet.

Wir überlegen deshalb ernsthaft, sofort weiterzufahren, aber genau in dem Moment fängt es ganz fürchterlich an zu gewittern. Also suchen wir uns einen Platz und flüchten ins Campingrestaurant. Dort bestellen wir das einzige verfügbare Gericht, eine Art Reibekuchen, der nur teilweise aus Kartoffeln und zu mindestens zwei Dritteln aus Knoblauch besteht, und versuchen, mit anderen Gästen ins Gespräch zu kommen. Die Betonung liegt auf „versuchen", denn wir machen dieselbe Erfahrung wie in Mikulov: Niemand spricht. Zumindest nicht mit uns.

Die Sprache ist natürlich auch ein großes Problem. Wir können kein Tschechisch und die Tschechen wenig Englisch. Immerhin: „Hallo" heißt „Ahoj", haben wir schnell gelernt. Das kann man aber auch gleich wieder vergessen, denn hier grüßt niemand. Zumindest nicht vor dem fünften Becherovka. Für mich als eingekölschten Grundlosgrüßer eine sehr irritierende Erfahrung. Von zehn gegrüßten Tschechen schauen neun irritiert weg und der zehnte sagt: „Fahren Sie sofort Ihr Wohnmobil von meinem Grundstück, das ist eine private Gartenparty!"

Immerhin: Es gibt Bier. Richtig gutes Bier. In anständigen Gläsern. Wir holen uns also zwei original Pilsener, setzen uns neben die tschechischen Campinggäste (beziehungsweise die Besucher der Gartenparty – ich kann es immer noch nicht mit absoluter Sicherheit sagen) auf eine Holzbank und stoßen mit unseren großen Bierkrügen an. Dann starren wir ein bisschen vor uns hin, sagen kein Wort und nippen immer mal wieder am Bier. Die tschechischen Gäste um uns herum machen genau dasselbe. Anscheinend haben wir uns schon ganz gut akklimatisiert.

***

Marko H. schreibt: „Tschechien ist ein Traum, wenn man Schlösserfan ist. In Lednice könnt ihr durch die größte Parkanlage Europas wandern!"

***

Wie kann es eigentlich sein, dass ich von „Europas größter Parkanlage" noch nie gehört habe? Bin ich wirklich so westzentriert? So ignorant gegenüber allem, was sich östlich von Dresden abspielt? Und geht es nur mir so? Wenn man Deutschen ein Bild des Atomiums zeigt, weiß jeder sofort, wo es steht. Wenn Franzosen ein Bild von Neuschwanstein sehen, ist es vermutlich nicht anders. Wenn man dagegen jemandem, egal ob einem Deutschen, Franzosen, Belgier, Spanier oder Portugiesen, ein Bild des ockergelben neugotischen Schlosses Lednice und der dazugehörigen gigantischen Parkanlage, die sich bis zum sieben Kilometer entfernten Valtice zieht, zeigen würde – wer würde es wohl erkennen? Aufmerksamkeit ist innerhalb der EU ziemlich ungerecht verteilt.

All das geht mir durch den Kopf, als wir nach einem ausgedehnten Bummel durch den Schlosspark mit all seinen Teichen und Tempeln und Triumphbögen in einem Restaurant an der Lednicer Hauptstraße sitzen.

Stefan unterbricht meine Grübelei: „Das mit dem Essen könnte wieder spannend werden", sagt er, während er ein bisschen ratlos in die Speisekarte schaut. Wir haben in den letzten beiden Tagen schnell gemerkt, dass tschechisches Essen eine fast noch größere Herausforderung ist als die tschechische Sprache. Gerade bei den hochsommerlichen Temperaturen: Egal wo wir sind – es gibt Fleisch mit Fleisch an fleischgefüllten Fleischklößen.

103

Bei jedem Bissen stirbt ein „Fit for Fun"-Redakteur. Während ich im Zweifel immer noch mit einer Wurst vom Grill zurechtkomme, fallen die Mahlzeiten für Stefan sehr spärlich aus.

Wir fragen also den Kellner, der ausnahmsweise nicht wegrennt und sich große Mühe gibt, mit uns auf Englisch zu kommunizieren: „Gibt es hier irgendwas ohne Fleisch?"

„Natürlich", sagt er und deutet auf die Karte: „Spaghetti Bolognese."

„Die ist … ohne Fleisch?"

„Ja, klar, ganz ohne Fleisch!"

„Na gut, dann einmal die Grillplatte und eine Spaghetti Bolognese."

Der Kellner verschwindet. Zwei Minuten später taucht er wieder auf und wirkt zerknirscht: „Da ist wohl leider doch Fleisch drin."

„Nicht schlimm", sagt Stefan. „Gibt es denn irgendwas anderes ohne Fleisch?"

Er überlegt kurz. „Wir könnten vegetarisches Gulasch machen."

„Okay, klingt toll. Dann nehme ich das."

Der Kellner verschwindet wieder.

Ich schaue Stefan an: „Du weißt, was jetzt kommt, oder?"

Er nickt: „Ich hab so 'ne Ahnung."

15 Minuten später kaue ich auf einer deftigen Grillwurst im Speckmantel herum, während Stefan seine Gulaschbrühe löffelt. Das „vegetarische Gulasch" entpuppte sich wie erwartet als normales Gulasch, aus dem unser Kellner mit viel Liebe zum Detail die Fleischbrocken herausgefischt hatte.

Na ja. Auch das hätte uns in Franken passieren können. Außerdem: Der Wille zählt. Stefans Gesicht nach zu urteilen, macht der Wille allein aber nicht besonders satt.

***

Florian H. schreibt: „Schon mal tschechischen Wein probiert? Im Pálava-Gebiet bei Strachotín gibt es jede Menge Buschenschenken!"

***

Wir sitzen auf der Außenterrasse einer Weinhandlung in Pavlov und schauen etwas unsicher. Gerade schenkt uns ein als Vampir verkleideter Kellner goldglänzenden Riesling ein. Die Terrasse ist bunt geschmückt, überall hängen Krepppapier und kleine Fähnchen, alle Angestellten tragen Kostüme, im Hintergrund läuft laute Kindermusik. Warum, wissen wir nicht. Ich traue mich auch nicht zu fragen, denn ich habe Angst, dass unser Kellner in guter Tschechen-Tradition einfach davonläuft, wenn ich ihn anspreche. Oder, passend zum Kostüm, zu Staub zerfällt. Ich schaue Stefan an, der mindestens genauso ratlos dreinblickt wie ich. Irgendwann siegt meine Neugier:

„Entschuldigung, ich muss es fragen: Warum sind Sie alle verkleidet?"

Der Vampir bleibt zum Glück bei uns, schaut mich etwas traurig an und sagt: „Na, heute ist doch Tag des Kindes!"

„Ach. Davon haben wir noch gar nichts mitbekommen."

Er zuckt die Schulter: „Manche feiern, manche feiern nicht. Wir feiern", sagt er, während seine schwarz geränderten, müden Augen so ziemlich das Gegenteil von „feiern" ausdrücken.

„Und ... wann kommen die Kinder?", frage ich.

Er zuckt wieder die Schulter: „Hier kommen eigentlich nie Kinder vorbei. Ist ja 'ne Weinhandlung."

Ich nicke. Dann schaue ich zu Stefan, der jetzt noch ratloser wirkt. Ich selbst weiß nicht so recht, ob ich laut losprusten oder dem traurigen Vampir tröstend über den Kopf streicheln soll. Andererseits: Vielleicht ist diese Episode ja ein wichtiger Schritt auf unserem Weg zum besseren Verständnis der Tschechen und ihrer Kultur. Denn eines kann ich mit Sicherheit sagen: Erst wenn dir ein schlecht geschminkter tschechischer Vampir-Sommelier die Vorzüge des mährischen Welschrieslings erklärt, während seine Kollegin traurige Seifenblasen vor sich hin bläst und im Hintergrund Karel Gott die „Biene Maja" singt, verstehst du richtig, was „kafkaesk" bedeutet.

***

Vladi S. schreibt: „Falls dir ‚Game of Thrones' allmählich ein bisschen fehlt: In Brünn gibt's zumindest 'nen Drachen!"

***

Kein Zweifel: Brünn hat uns gerettet. Beziehungsweise unseren Plan vom Tschechien-Urlaub. Nach unserem etwas freudlosen Start hier waren wir wirklich kurz davor, wieder kehrtzumachen und uns für den Rest unserer Reise hinter österreichischen Käseplatten zu verschanzen. Es hat auch nicht gerade geholfen, dass der Reiseführer, den ich mir auf mein iPad geladen hatte, mit Sicherheit das miesepetrigste Stück Reiseliteratur ist, das ich jemals gelesen habe. Ich habe keine Ahnung, wie man einen guten Reiseführer schreibt, aber wenn der Autor auf jeder zweiten Seite eine Formulierung wie „… kann man natürlich nicht mit der Schönheit der Toskana vergleichen" oder „… ein nettes Städtchen, wenn man die verträumten südfranzösischen Winzerorte nicht kennt" verwendet, darf man schon mal fragen, ob er in der Toskana oder in südfranzösischen Winzerorten nicht vielleicht besser aufgehoben gewesen wäre.

Wir fanden einen schattigen Campingplatz in Veverská Bítýška, einem kleinen Ort 15 Kilometer vor den Toren Brünns. Und hier kam zum ersten Mal in Tschechien so was Ähnliches wie ein Urlaubsgefühl auf: Stefan wurde wieder deutlich gesprächiger, wir plauderten mit anderen Urlaubern, machten eine Radtour nach Bisterz, fuhren mit dem Schiff auf der Svratka zurück und kauften Honig bei Eliska, der fröhlichen, weißhaarigen und scheinbar jede Sprache der Welt sprechenden Campingplatzbesitzerin. Am dritten Tag nahmen wir den Zug in die Brünner Innenstadt und trafen unterwegs auf weitere Tschechen, die ganz und gar freiwillig mit uns redeten: Eine freundliche Bahnangestellte lief uns sogar hinterher, um zu sehen, ob wir am richtigen Gleis stehen – was uns nicht davon abhielt, erst zu früh auszusteigen, dann an Brünn vorbeizufahren und schließlich ein längliches Stündchen auf den nächsten Zug zurück zu warten. Statt „Ahoj" hätte ich vielleicht lieber „Hauptbahnhof" auf Tschechisch lernen sollen.

Jetzt bummeln wir durch die Brünner Innenstadt, die die lange Reise locker wert ist: Alles hier ist hell und freundlich und aufgeräumt. Es gibt Restaurants mit einladenden Außenterrassen, einen riesigen Wochenmarkt, imposante Kirchen und selbst die Kapuzinergruft, in der uralte Mönchsmumien auf kaltem Steinboden liegen, was das Ganze laut Simon Winders Habsburger-Buch „Danubia" wie ein „äußerst erfolgloses Hospital" wirken lässt, kann die Stimmung nicht nach unten ziehen.

Im Durchgang des alten Rathauses entdecken wir schließlich auch noch den „Brünner Drachen", der angeblich im Mittelalter aus der Svratka gefischt wurde und, ich sag's mal vorsichtig, um keine Legenden zu zerstören, einem handelsüblichen Krokodil zum Verwechseln ähnlich sieht. (Warum sich im 16. Jahrhundert ein Krokodil in einen tschechischen Fluss verirrt, bleibt natürlich eine spannende Frage.) Schließlich sitzen wir in einem Café, trinken italienischen Espresso, genießen die Sonne und ich merke, wie sich unsere Stimmung von Minute zu Minute aufhellt. Brünn, das ist ein einziger, lang gezogener und heilsamer Durchatmer.

***

Irgendwann war leider auch dieser Durchatmer vorbei. Nach vier Nächten verabschiedeten wir uns von Eliska, nicht ohne vorher noch ein Glas Honig aus ihrer eigenen Imkerei geschenkt bekommen zu haben. Da wir für die Weiterfahrt keinen wirklichen Plan hatten, sitzen wir jetzt auf einem Campingplatz in Znaim, einer kleinen Stadt 70 Kilometer westlich von Brünn, die eigentlich nur für eines berühmt ist: ihre Gurken. (Die „Znaimer Gurke" hat es sogar zum Maskottchen der Stadt geschafft und mir tun sämtliche Teenager leid, die ihr Taschengeld im Sommer damit aufbessern, in einem knubbelig-grünen Gurkenkostüm durch die Stadt zu tapsen und die zwei, drei vorhandenen Touristen zur hemmungslosen Salzgurkenverkostung zu animieren.) Neben uns lassen gerade gut gelaunte Tschechen ihre Kanus zu Wasser, auf dem Volleyballplatz schmettern Jugendliche sich ein paar Bälle zu, wir trinken tschechisches Bier und trotzdem beschleicht mich schon wieder dieser dumpfe Mähren-Blues: Die ganze Gegend verströmt eine unterschwellige Trostlosigkeit. Wenn ich nach rechts schaue, sehe ich zum Beispiel ein riesiges Klostergebäude, nach dem sich bayerische Denkmalschützer alle zehn Finger abschlecken würden. Hier verfällt das Ding vor sich hin, der Putz blättert ab und der

Wind pfeift durch die zerschlagenen Fenster. Vielen Wohnhäusern im Ort geht es nicht besser. Das fällt besonders krass auf, wenn man vor einer Woche noch durch die durchdekorierte Puppenstubigkeit der Steiermark gewandert ist. Für so etwas haben die Menschen hier einfach kein Geld. Wenn dir eine Bäckereiverkäuferin in Znaim erzählt, dass sie 48 Jahre lang als Lehrerin gearbeitet hat und jetzt, mit 70, drei Jobs hat, weil ihre 300 Euro Rente einfach nicht zum Leben reichen, kann man sich denken, dass da kein Geld für Dekokram von „Depot" übrig bleibt.

Ich schaue zu Stefan, der wortlos auf seinem iPad herumtippt. Seit wir Brünn verlassen haben, ist er wieder deutlich stiller geworden. An der Reiseplanung beteiligt er sich schon gar nicht mehr. Kein gutes Zeichen. Es wird Zeit, etwas zu ändern:

„Wir müssen das anders angehen."

Stefan schaut auf.

„Dieses ganze Tschechien-Ding, das funktioniert so nicht. Wir werden ja noch depressiv hier. Wir brauchen mal ein bisschen Action. Und vor allem müssen wir mal richtig mit Menschen in Kontakt kommen. Wir müssen da hin, wo die Tschechen Spaß haben. Wo die tschechische Seele aufblüht. Wo das Herz der Tschechen schlägt."

Stefan zuckt die Schulter: „Von mir aus gerne. Die Frage ist bloß: Wo soll das sein?"

Mein Blick fällt wieder auf unsere tschechischen Nachbarn und ihre Kanus. Dann stehe ich auf und klappe meinen Campingstuhl zusammen: „Blas die Schwimmflügel auf. Jetzt wird gepaddelt!"

11. ES WIRD FEUCHT

Böhmen (Tschechien)

Maite G. schreibt: „Wenn ihr nach Tschechien fahrt, macht unbedingt einen Abstecher nach Český Krumlov! Zauberhaftes Städtchen mit Schloss und wunderbarer Altstadt!"

Thomas S. schreibt: „Český Krumlov ist Pflicht! Wer das nicht gesehen hat, war nicht in Tschechien."

Holger R. schreibt: „Fahrt nach Český Krumlov. Aber Vorsicht: Lasst euch nicht von asiatischen Selfiesticks aufspießen!"

***

Ich sollte wohl wieder öfter auf meine Follower hören. Wenn von rund 500 Tipps zu Tschechien sich nur zehn auf Mähren beziehen und der Rest ausnahmslos auf Böhmen – dann könnte man sich die Sache ein bisschen leichter machen und einfach direkt nach Böhmen fahren.

„Aber, aber, wo bleibt denn da die Neugier, die Abenteuerlust, der Spaß am Entdecken?"

Ach ja, „Spaß am Entdecken" am Arsch. Zumindest im Moment. Ich will einfach mal wieder unbeschwert Touri sein. Ich will fröhliche Menschen sehen, lecker essen, lecker trinken und den Sommer genießen. Der Rüdiger Nehberg in mir war noch nie besonders stark ausgeprägt.

***

Wir haben über eine deutsche Reiseagentur eine fünf-tägige Kanutour auf der Moldau gebucht. Das Wohnmobil bleibt stehen, wir paddeln von Vyšší Brod in Südböhmen über Rožmberk in das sagenumwobene Český Krumlov und von dort aus weiter nach Budweis. Gerade sitzen wir auf dem Parkplatz eines Hotels in Vyšší Brod, auf dem wir unser Wohnmobil in den nächsten Tagen parken dürfen, und leeren den Kühlschrank aus.

„Was machen wir denn mit dem ganzen Käse aus Österreich?", frage ich Stefan.

„Vielleicht können wir den im Kühlschrank des Hotels zwischenlagern."

„Und den offenen Wein?"

Stefan zuckt die Schulter: „Wegschütten?"

„Bist du wahnsinnig? Den trinken wir leer!"

„Markus, es ist elf Uhr morgens und hat jetzt schon 36 Grad Celsius!"

„Ja, aber … der Wein ist kühl!"

Eine halbe Stunde später ist der Wein leer und wir sind voll. Wie die Haubitzen. Man glaubt nicht, was für Verheerungen so ein bisschen Grüner Veltliner auf leeren Magen im Kopf anrichten kann. Wir beschließen deshalb, einen Mittagsschlaf zu halten und den Tag dann noch mal von vorne anzufangen.

Wir erwachen am späten Nachmittag mit dröhnenden Kopfschmerzen, gehen essen und machen einfach einen Haken hinter den gesamten Tag.

***

Am nächsten Morgen sitzen wir im Frühstückssaal des Hotels (unsere erste Nacht außerhalb des Wohnmobils! Man glaubt nicht, wie fremd man sich in einem Hotelbett fühlen kann!) und ich starre auf den Fernseher, der über dem üppigen Buffet hängt, und auf dem eine Art tschechisches MTV läuft. Ich verstehe die Playlist nicht: Die Musikvideos wechseln zwischen allen Jahrzehnten hin und her, manche sind in Schwarz-Weiß, andere stammen offensichtlich aus den 80ern, dann wieder Schwarz-Weiß und schließlich ein Hit, den ich vom Eurovision Song Contest zu kennen glaube. Falls meine Theorie „Spiel mir deine Musik vor, und ich sage dir, wer du bist!" stimmt, sind die Tschechen insgesamt ein ganz schön verwirrtes Volk.

Pünktlich um neun gesellt sich Anna, die örtliche Veranstalterin unserer Kanutour, zu uns. Die fröhliche, kleine Frau erklärt uns gut gelaunt unsere Paddelroute für die nächsten Tage. Hier ein paar Wehre, da ein paar seichte Stellen, Off-Tage zum Ausruhen in Český Krumlov und Budweis – das Ganze klingt nach einer ziemlich überschaubaren Herausforderung. Doch dann druckst Anna ein bisschen herum und will offensichtlich noch etwas loswerden: „Es könnte übrigens sein, dass die Moldau in den nächsten Tagen ... äh ... ein bisschen voll ist."

„Voll mit was?"

„Voll mit ... Leuten wie euch." Mit Bedauern im Blick erklärt sie uns: „Ihr habt euch die einzige Woche in Tschechien mit drei Feiertagen ausgesucht. Das nutzen die Leute aus."

„Na ja", sage ich. „Macht doch nichts. Wir wollten schließlich ein paar Leute treffen. So schlimm wird's schon nicht werden."

„Haha, nein, natürlich nicht", lacht Anna. Dann setzt sie wieder ihr sorgenvolles Knittergesichtchen auf: „Obwohl: Doch. Wirklich JEDER ist gerade auf dem Wasser."

„Okay. Aber spätestens am Sonntag sind die meisten dann doch wahrscheinlich weg, oder?"

Anna lacht wieder: „Ja, haha, ganz bestimmt ... obwohl ..." – Knittergesichtchen – „nein."

Sie zuckt bedauernd die Schultern. Im Nachhinein kann ich sagen: Anna hat uns definitiv nicht angelogen.

***

Wir stehen ein bisschen verloren am Ufer der Moldau. Ron, Annas Assistent, der uns zum Fluss gefahren hat, hievt gerade unser Kanu auf die Wiese und boxt sich dabei durch zahllose andere Kanutouristen. Ron hat uns erzählt, dass er in der Nacht zum ersten Mal Vater geworden ist und kein Auge zugemacht hat. Das erklärt auch seine respektable Schnapsfahne: Offensichtlich hat er schon mit Freunden auf den Nachwuchs angestoßen.

Jetzt deutet er auf die anderen Paddler: „Seid unbedingt vorsichtig im Wasser", ruft er uns zu. „Die sind alle schon sturzbesoffen!"

Wir schauen uns um. Ron hat nicht übertrieben: Um uns herum stehen rund 150 ein bisschen zu gut gelaunte Tschechen, manche in bunten Kostümen, andere halbnackt, die meisten schon jetzt von der Sonne verbrannt und fast alle mit sehr glasigen Augen. Manche grölen, andere singen, einige steigen ins Wasser und merken erst Minuten später, dass sie ihr Kanu vergessen haben.

Wir beschließen, möglichst schnell loszufahren und uns so ein wenig Vorsprung zu verschaffen. In Minutenschnelle haben wir Bärbel und unsere Transportkisten ins Boot gepackt und paddeln los.

Übrigens: Wenn man seine Beziehung mal einem echten Stresstest unterziehen will, kann ich eine Paddeltour wärmstens empfehlen. „Ich paddel rechts!" – „Aha, warum du?" – „Du hörst nicht auf meine Kommandos!" –

„Warum gibst du überhaupt die Kommandos?" – „Hör auf zu wackeln!" – „Du hast gewackelt!" – und das waren nur die ersten drei Minuten. Dafür, dass wir sonst oft dem schrecklich harmonischen „Ich freue mich, wenn du dich freust"-Pärchen aus Loriots „Pappa ante portas" ähneln, haben wir uns hier erstaunlich schnell in den Haaren. Innerhalb kürzester Zeit wünsche ich mir den amerikanischen Wichtigtuer von unserer Raftingtour in Slowenien zurück – als Paar ist es immer besser, wenn man jemanden dabei hat, den man gemeinsam scheiße finden kann.

So richtig spannend wird es aber, als wir das erste Wehr erreichen. Hier auf der Moldau gibt es nämlich keine Schleusen, wie zum Beispiel für die verwöhnten Komfortpaddler auf der deutschen Lahn. Nein: Hier gibt es Wehre. Ein Wehr gleicht den Höhenunterschied und die Fließgeschwindigkeit zwischen zwei Flussabschnitten aus. Am Rand gibt es meistens eine Art Rutsche für Kanus, auf der man mit viel Schwung nach unten gleitet. Idealerweise. Vor unserem ersten Wehr haben sich allerdings schon rund 15 andere Kanus gestaut, es wird geschrien und gestikuliert, das Ende der Rutsche können wir nicht erkennen. Wir reihen uns also ein, erreichen das Wehr und sehen erst dann, dass darunter schon mehrere Kanus gekentert sind, Menschen im Wasser stehen, Boote falsch herum auf dem Fluss treiben.

„Sollen wir das Ding lieber am Ufer entlang tragen?", frage ich Stefan. Aber es ist zu spät: Hinter uns warten schon die nächsten Paddler. Es gibt kein Zurück mehr: Wir rutschen hinab, halten gerade noch so das Gleichgewicht – und krachen am Ende der Rutsche direkt auf ein anderes Kanu. Wasser schwappt von allen Seiten in unser Boot. Wir verlieren endgültig das Gleichgewicht. Das Kanu neigt sich gefährlich zur Seite – und kippt.

Unglaublicher Lärm. Das Wasser hämmert gegen meine Ohren. Ein fremdes Paddel knallt gegen meinen Kopf.

Ich tauche wieder auf, sehe Stefan mit unseren Paddeln in der Hand, packe instinktiv mit der rechten Hand den Rand unseres Bootes und mit der linken eine Transportbox.

„Wo ist Bärbel?", rufe ich Stefan zu. Er hebt seinen rechten Arm. Erst jetzt erkenne ich das triefende Bündel darunter: Es ist unser völlig durchnässter und wenig begeisterter Hund.

Wir schauen uns an, atmen tief durch und sind wie gelähmt. Hinter uns kentern weitere Boote, Menschen liegen im Wasser, Paddel und Transportboxen treiben an uns vorbei.

Mindestens eine Minute stehen wir so im Wasser. Und schauen einfach vor uns hin. Irgendwann komme ich wieder zur Besinnung: „Tja … äh … ich schätze, wir müssen unser Boot ausleeren."

Stefan setzt Bärbel ans Ufer, wir legen die Transportboxen und Paddel zur Seite und drehen das Boot um. Das restliche Wasser schaufeln wir mit Plastikbechern aus dem Kanu. Als alles einigermaßen trocken ist, steige ich wieder ins Boot.

„Und wo ist Bärbel jetzt?", frage ich.

Stefan schaut sich ebenfalls um. Kein Zweifel: Unsere Hündin hat die Gelegenheit genutzt und sich vom Acker gemacht. Ich kann es ihr nicht verübeln. Stefan entdeckt sie schließlich weit weg vom Ufer hinter einem Busch, nimmt sie an die Leine und reicht sie mir ins Kanu.

Ich kenne meinen Hund jetzt seit zwölf Jahren und bilde mir ein, dass ich mittlerweile ziemlich gut weiß, was Bärbel so im Allgemeinen denkt. In diesem Moment zum Beispiel: „Leute, habt ihr sie noch alle? Kann es sein, dass das die beschissenste Idee seit Langem war?"

Ja Bärbel, kann sein. Aber hilft ja nix. Wir müssen heute noch nach Rožmberk.

***

Der Rest der ersten Etappe verläuft deutlich entspannter und wir haben genügend Zeit, uns unsere Mitpaddler etwas genauer anzuschauen. Es ist ein Spektakel, das man wirklich mal gesehen haben muss: Hunderte fröhliche Tschechen mit Matrosenverkleidung, Musikinstrumenten, Piratenflaggen, Haustieren, aufblasbaren Tieren und sehr viel Alkohol paddeln mit uns auf ihrem Nationalfluss, mal vorwärts, mal rückwärts, oft seitwärts und manchmal merken sie auch erst nach drei Stunden, dass eigentlich gar keiner paddelt. Hinter jedem Kanu werden an einer Schnur mindestens drei Flaschen sehr starken Alkohols durchs Wasser gezogen, die es meistens aber nur bis zum nächsten Wehr schaffen. Sicherheitshalber werden sie nämlich vor dem Wehr leer getrunken und danach an einem Kiosk wieder aufgefüllt. Es ist ein bisschen Wacken trifft Ballermann trifft 20 Junggesellenabschiede trifft PUR-Konzert in knietiefem Wasser.

Abends sitzen wir in einem Restaurant in Rožmberk, einem 400-Seelen-Dorf nur wenige Kilometer von der österreichischen Grenze entfernt, genießen die wohlige Paddelerschöpfung und sind gespannt, ob wir vielleicht mit ein paar Mitreisenden ins Gespräch kommen. Eine größere Gruppe lachender Tschechen nähert sich unserem Tisch, nickt uns zu und spricht uns freundlich an. „Na geht doch", denke ich und erkläre ihnen, dass wir leider nur deutsch und englisch sprechen. Einer der Paddler gibt sich daraufhin große Mühe und kratzt sämtliche verfügbaren Deutschkenntnisse zusammen: Ob wir uns denn vielleicht an den Nachbartisch setzen könnten, damit die Gruppe zusammenbleiben und ein bisschen plaudern könnte?

Ach so. Tja. Natürlich können wir das. Wir nehmen unsere Gläser und ziehen an den Nachbartisch. Die Gruppenmitglieder nicken dankbar, setzen sich, geben bei der Kellnerin ihre Bestellung auf – und sprechen ab dann kein Wort mehr. Nicht eines! Nicht untereinander und erst recht nicht mit uns.

Wo auch immer der Smalltalk erfunden wurde: In Tschechien war es definitiv nicht.

***

„Wir sind das gestern ganz falsch angegangen", sagt Stefan, als wir am nächsten Tag unsere Sachen zum Kanu schleppen.

„Was denn?", frage ich.

„Na die ganze Paddelei. Ich habe den Eindruck, dass wir einen entscheidenden Bestandteil vergessen haben. Heute machen wir das mal wie die echten Tschechen."

„Das bedeutet?"

Stefan zieht zwei Dosen Budweiser aus seiner Einkaufstasche: „Ist es dir nicht aufgefallen? Wir waren die einzigen Nüchternen auf dem Wasser! Totaler Anfängerfehler! Wir waren viel zu hüftsteif! Außerdem hatten wir gar nicht das richtige Outfit."

Er holt noch zwei weiß-blau gestreifte Matrosenshirts aus der Tasche, die er offenbar im Rožmberker Kiosk erstanden hat, und reicht mir eines davon.

„Okay … du meinst, als Käpt'n Graubart und Hein Blöd kommen wir besser durchs Wehr?"

Stefan hebt den Finger: „Vergiss das Bier nicht! Jetzt trinken wir erst mal und dann machen wir einen neuen Versuch. Wäre doch gelacht, wenn wir heute Mittag nicht auch tschechische Schlager schmettern."

Wir leeren also die Bierdosen und werfen uns in die T-Shirts. Dann hieven wir unser Kanu in den Fluss und ich setze die reichlich unterbegeisterte Bärbel zwischen meine Füße.

30 Minuten später singen Stefan und ich lauthals: „Und diese Biene, die ich meine, nennt sich Maja ..."

***

Vroni S. schreibt: „Wenn dein Mann auch mal wieder was essen möchte: In Český Krumlov gibt es eines der besten vegetarischen Restaurants Tschechiens (okay, sind auch nicht so viele)!"

***

Dunkle Bänke. Dunkle Tische. Dunkles Bier. Der Blick auf den Fluss und die Altstadt von Český Krumlov – viel böhmischer kann es eigentlich nicht mehr werden. Wir sitzen in einem Restaurant am Ufer der Moldau, piksen begeistert in unsere vegetarische Platte und lassen den Tag Revue passieren. Wie mit einem Mal alles so viel besser wurde! Ob es wirklich nur am Frühstücksbier lag? Fast fünf Stunden paddelten wir heute auf der Moldau, passierten völlig problemlos alle Wehre, schmetterten den tschechischen Flussmusikanten immer wieder gut gelaunt die Biene Maja oder ein kölsches „In unserem Veedel" entgegen und erreichten schließlich Český Krumlov – den ohne Zweifel zauberhaftesten Fleck, den wir bisher in Tschechien gesehen haben. Dass man nicht alles Sehenswerte in Europa kennen kann, ist mir schon klar. Aber dass ich von einem Ort wie diesem, von dem offensichtlich an jedem asiatischen Kühlschrank mindestens ein Souvenirmagnet hängt, noch nicht mal was gehört habe, macht mich immer wieder sprachlos. Ich sag's ja: Die Aufmerksamkeitsverteilung innerhalb der EU ist schwer verbesserungsfähig!

Als wir am Nachmittag das knallbunt bemalte Schloss, die Steinbrücken, die Kirchen und all die anderen Highlights Krumlovs vom Kanu aus sahen, hatte ich vermutlich denselben Blick drauf wie die Hobbits in „Herr der Ringe", als sie an den Statuen der Altvorderen vorbeischipperten. (Körpergrößenwitze bitte hier einfügen!)

Nach dem Essen plaudern wir mit dem sympathisch verstrubbelten Besitzer des vegetarischen Restaurants (ja verdammt, wir plaudern!) und seiner Kellnerin. Lindsay stammt aus Kanada, wollte in Český Krumlov eigentlich nur die Burg studieren und ist dann hängen geblieben. Kein Wunder: In dem fünfhöfigen Schnörkelmonster derer zu Rosenberg, das im 16. Jahrhundert in ein Renaissanceschloss umgewandelt wurde, kann man alleine schon Monate mit der Besichtigung verbringen.

Nach dem Essen bummeln wir durch die Altstadt und holen uns noch ein Eis an einer der zahlreichen Buden. In den schmalen Gassen Krumlovs bietet sich ein bizarres Schauspiel: Unzählige Japaner, Koreaner und Chinesen schleichen mit offenem Mund und ohne ein einziges Wort zu sagen durch die Stadt. Nur manchmal entfährt einem von ihnen ein „Haaa!" oder ein „Oooh!". Was zunächst wirkt wie eine asiatische Version von „The Walking Dead", entpuppt sich als moderne Stadtführung: Vorneweg läuft ein Touristenguide und spricht in ein kleines Mikro, alle Teilnehmer haben Kopfhörer im Ohr und lauschen gebannt. Plötzlich brechen alle gleichzeitig in ein kurzes Kichern aus, verstummen dann sofort und lauschen weiter ihrem Führer. Es ist, ehrlich gesagt, noch gruseliger als „The Walking Dead".

Wir setzen uns auf eine Terrasse an der Moldau und

gönnen uns ein letztes Bier. Die Nacht ist mild, gelbes Licht spiegelt sich im Fluss. Auf der Brücke nebenan spielt ein Gitarrenduo „Summertime". Wer sagt's denn: Urlaubsfeeling geht auch in Tschechien.

***

Und es wurde noch besser: Die meisten Paddler haben offensichtlich die Moldau in Český Krumlov verlassen. Seit zwei Tagen sind wir fast allein auf dem Fluss. Wenn ich das Wort „Idylle" definieren müsste, wäre es wahrscheinlich exakt das hier: Wir paddeln durch die Stille, links und rechts lassen Bäume ihre Zweige in den Fluss hängen, gerade setzt sich eine Libelle auf Stefans Kopf und trampt ein bisschen mit. Es ist perfekt. Und kommt genau zur richtigen Zeit, denn hinter uns liegt eine geradezu gruselig ruhige Nacht in dem 50-Seelen-Dorf Černice, der dritten Station unserer Moldau-Tour. Fünf Häuser, eine Straße, kein Restaurant. Unser Hotel lag gegenüber einem Friedhof und ich habe mich gefragt, warum man hier noch extra sterben muss, um nichts zu tun. Wir kamen nachmittags an und hatten große Mühe, den Tag irgendwie rumzukriegen. Gleichzeitig tobte in Köln der CSD, der erste seit der Öffnung der Ehe, und unsere Freunde schickten uns im Minutentakt Videos von der Parade. Es war fürchterlich deprimierend. Um sieben Uhr legten wir uns ins Bett und warteten darauf, dass der Tag endlich vorbei ging.

Wenn ich unsere Zeit in Tschechien Revue passieren lasse, habe ich immer das Bild einer Achterbahn im Kopf: Es gibt absolute Höhepunkte (Brünn, Český Krumlov), aber eben auch absolute Tiefpunkte (Strachotín, vegetarisches Gulasch) – dazwischen ist wenig. Was fehlt, ist die entspannte Mitte. Das gepflegte

Rumhocken und Vor-sich-Hinglotzen in mittelschöner Umgebung. Das stimmungsneutrale Ausruhen. Wir kommen uns hier entweder wahnsinnig richtig oder vollkommen falsch vor.

Immerhin: Jetzt im Moment ist alles richtig. Findet offensichtlich auch die Libelle auf Stefans Glatze. Mal sehen, ob sie bis Budweis durchhält.

***

Die Geschichte des Budweiser Biers ist einigermaßen vertrackt: Da ist zum einen der amerikanische Riesenkonzern, der sein Bier am liebsten auf der ganzen Welt als „Budweiser" verkaufen würde, zum anderen aber die tschechische Brauerei Budějovický Budvar, die genau das verhindern will. Die beiden streiten sich schon seit Beginn des 20. Jahrhunderts um die Namensrechte am „Budweiser Bier" und haben sich mittlerweile den Globus grob aufgeteilt: In Nordamerika gibt es nur amerikanisches Budweiser, in großen Teilen Europas dagegen darf nur das tschechische Bier „Budweiser" heißen. „Bud" hingegen ist auch in Europa die rechtlich anerkannte Bezeichnung für das amerikanische Gebräu, während das tschechische Budweiser mittlerweile in den Staaten unter dem Namen „Czechvar" erhältlich ist. Um es mit Facebook zu sagen: „Es ist kompliziert!"

Nach einem kurzen Biertest in einer der vielen Brauereien hier kann ich auf jeden Fall sagen: Wann immer möglich, sollte man unbedingt zur tschechischen Variante des Budweisers greifen. Ich habe selten etwas Süffigeres getrunken und aus dem einen Bier werden schnell mehrere.

Das macht aber nichts, denn mit dem Rest von Budweis ist man schnell durch: Außer einem schönen Marktplatz und natürlich jeder Menge Brauereien gibt es hier nicht viel zu besichtigen. Das sehen offensichtlich nicht nur wir so, sondern auch die meisten anderen Tschechien-Touristen: Unser Hotel, ein altehrwürdiges Brauereigebäude, ist mitten in der Hochsaison fast leer. Auch wir beschließen, auf einen zweiten Tag in Budweis zu verzichten, und lassen uns am nächsten Morgen von Ron, dem diesmal nicht alkoholisierten, dafür eindeutig sehr übernächtigten frisch gebackenen Vater abholen und zurück nach Výišši Brod fahren.

Ob es uns auf dem Wasser gefallen habe, fragt er uns.

„Ja, sehr."

„Und dem Hund?"

„Ja ... ach ... na ja ... äh ... Was macht denn der Nachwuchs?"

***

Auf der Rückfahrt schaue ich mal wieder auf meine Facebook-Seite:

Heike K. schreibt: „Wenn ihr mal wieder Urlaubsfeeling wollt, fahrt doch nach Ungarn an den Balaton!"

Jochen R. schreibt: „Ungarn ist einfach toll, vor allem abseits der großen Städte: viel Tradition und eine unglaubliche Gastfreundschaft!"

Tanja F. schreibt: „Ich empfehle Keszthely am Balaton: Sehr schöne Innenstadt, viele Einkaufsmöglichkeiten und es gibt dort die weltbeste Eisdiele!"

***

Tja. Was haben wir gelernt, in Tschechien? Zwei Sachen.

Erstens: Es schadet nicht, öfter mal auf meine Follower hören. Und zweitens: „Smetana" heißt „Kaffeesahne". Das stand nämlich auf den Milchdöschen bei unserem Frühstück in Černice. Wenn man es genau nimmt, heißt der Komponist der „Moldau" also Friedrich Kondensmilch.

Erkenntnis 2 hilft mir bei unserer Reiseplanung nicht besonders weiter. Erkenntnis 1 dagegen schon. Nächster Halt: Plattensee!

12. HOLD MY GULASCHSUPPE!

Plattensee (Ungarn)

Im Nachhinein muss ich mich wohl bei den Betreibern des burgenländischen Campingplatzes bedanken, den wir auf unserem Weg von Tschechien nach Ungarn angesteuert haben, um mal wieder ein bisschen Wäsche zu waschen. Wenn dort nicht alles so ungemütlich und überreguliert gewesen wäre, wären wir bestimmt wieder in unsere Österreich-Trance verfallen, hätten uns in eine Rohmilchkäseplatte verbissen und wären nie nach Ungarn gekommen – was wirklich jammerschade gewesen wäre.

Der Empfang am Neusiedler See war noch recht freundlich: „Ich ersuche euch, bitte haltet die Nachtruhe ab 22 Uhr ein!", steht auf einem großen Schild am Eingang des Campingplatzes. Ich liebe diesen leicht nölig-larmoyanten Ton vieler gerade älterer Österreicher. Da hat man direkt einen kleinen Hans Moser im Kopf, der an den Herausforderungen der Welt an sich und der jungen Leut' im Besonderen verzweifelt: „Geh bittschön, herst, haltet's die Nachtruhe ein, gschamster Diener!"

Dass die Anreise laut Infozettel nur bis exakt 21 Uhr 55 erfolgen kann, kann ich auch noch verstehen. Ja, sogar dass die Abreise nicht etwa bis 12 Uhr, sondern nur bis 11 Uhr 59 erlaubt ist, lasse ich mir gefallen. Aber spätestens als der streng dauergewellte Rezeptionsdrachen im Rüschenblüschen meinen Mann forsch zurückpfeift, weil er regelwidrig rechts statt links an der Schranke vorbeigeht, und ihn den (deutlich umständlicheren) Weg dann tatsächlich noch mal korrekt laufen lässt – spätestens da hätten wir wissen sollen: Wir sind hier sehr, sehr falsch.

So richtig Loriot-like wird es, als ich auf den eigentlichen Zweck unseres Besuchs zu sprechen komme:

„Wir würden gerne eine Maschine Wäsche waschen."

„Gerne. Ich komme in 35 Minuten zu Ihrem Stellplatz, dann laufen wir gemeinsam zum Häuschen, Sie befüllen die Maschine und ich schalte sie ein", erwidert meine neue Freundin, die Empfangsdame.

„Oh, wie nett. Das muss aber gar nicht sein: Wenn Sie mir einfach eine Wertmarke geben, mache ich das."

Die Dame lacht: „Nein, nein, das mache ich schon lieber selbst."

„Ach … Warum?"

„Das ist … sehr komplex."

Ich überlege, wie komplex so eine Maschine denn wohl sein kann und ob ich der Dame sagen soll, dass ich schon ein großer Bub und mit der Bedienung handelsüblicher Weißgeräte durchaus vertraut bin und dass meine Wäsche auch nicht so dreckig ist, dass man die Schmutzpartikel mit einem CERN-geprüften Teilchenbeschleuniger aus dem Gewebe schießen müsste. Sie unterbricht meine Grübelei: „Also: Ich bin in 35 Minuten bei Ihnen." Sie schaut auf ihre Uhr: „Wobei, nein: in 34!"

Ich hab so eine Ahnung, wer den Zettel mit den Abreisezeiten geschrieben hat.

***

Patrick M. schreibt: „Falls ihr auf dem Weg an den Plattensee in Sopron vorbeikommt, schau mal, ob du dort die Facepalm-Putte findest!"

***

Nach zwei gut überwachten Waschmaschinenladungen und einer sehr unruhigen Nacht (mit Abstand das schlimmste Unwetter, das wir je im Wohnmobil erlebt haben – vermutlich hat die Gewitterhexe an der Rezeption ein paar Freundinnen zum Blitz-und-Donner-Beschwören eingeladen) verlassen wir dieses Betreute-Freiluft-Wohnen und überqueren die Grenze nach Ungarn, Land Nummer sieben auf unserer Tour.

Im Grenzgebiet fällt uns sofort das schier unüberschaubare Angebot an Zahn-, Augen- und Schönheitskliniken auf. Der preisbewusste Österreicher fährt offensichtlich nach einem hautstrapazierenden Leben zwischen sturmumtosten Alpengipfeln gerne mal kurz über die Grenze, um sich dort preisgünstig wieder straff zurren zu lassen. Wir machen einen Stopp in Sopron, einem sehenswerten kleinen Städtchen mit römischen Wurzeln, das gerade leider mit schwerem Baugerät zugestellt ist. Es sieht so aus, als würde der Ort vollständig untergepflügt. Verständlich: mehr Platz für Zahn-Augen-Botox-Kliniken!

Sopron gilt übrigens als „stolzeste Stadt Ungarns", da die Bewohner dort 1921 beschlossen, bei Ungarn zu bleiben und nicht österreichisch zu werden. Eine schöne Geschichte, man sollte dazu aber vielleicht wissen, wie die Stadt auf Deutsch heißt: „Ödenburg". Tja. Da wäre ich vermutlich auch lieber bei „Sopron" geblieben.

Bleibt noch die von Patrick M. beschriebene „Facepalm-Putte" (wer den Begriff „Facepalm" nicht kennt: Das ist Internet-Deutsch für „Fremdschämen". Gesicht in die Handfläche – Face-Palm. So einfach). Die ist schnell gefunden: An der Seitenwand der Soproner Ziegenkirche sitzt ein kleiner, dicker Engel, der das Gesicht in der Hand vergräbt. Ich stehe davor und überlege, was der Engel denn wohl Schlimmes gesehen hat. Das Leid Jesu? Das Leid der Welt? Einen Tatort mit Til Schweiger?

Vielleicht war's aber auch nur ein chirurgisch zurechtgezurrter Österreicher.

***

Wir fahren weiter zur Nordseite des Plattensees, suchen uns in Gyenesdiás einen Stellplatz und tasten uns behutsam an das Gesamterlebnis „Balaton-Camping" heran: Rechts neben uns urlauben zwei freundliche Senioren aus Erfurt, die ihren 16-jährigen Enkel im Schlepptau haben. Besagter Enkel knutscht gerade im Schatten des Klohäuschens mit einem ebenfalls pubertierenden Mädchen aus Dortmund und versucht mit aller Gewalt, eine Zeltbildung an der Vorderseite seiner Badehose zu vermeiden. Zeitgleich rollen zwei Brandenburger Familien auf den Platz, parken Seit an Seit und brechen sofort einen Streit über den Verlauf der Parzellengrenze vom Zaun (dass das nicht die allerbesten Voraussetzungen sind, um anschließend zwei Wochen nebeneinander Urlaub zu verbringen, wird ihnen erst danach bewusst). Gabi, unsere Ruhrgebietsnachbarin zur Linken, steht mit ihrem Hausfreund Horst am Grill und erklärt ihm, wie lange man Steaks braten darf, um krebserregende Röststoffe zu vermeiden. Dabei muss sie sehr aufpassen, dass die Asche ihrer Zigarette nicht aufs Grillgut fällt. Horst ist davon so genervt, dass er die Grillzange irgendwann hinschmeißt, sich zu uns gesellt und uns eine Zusammenfassung der Entwicklung des Campingplatzes in den letzten zwanzig Jahren gibt: „Hier sind ja kaum noch Deutsche. Nur noch Tschechen und Ungarn. Na ja, ich hab ja nix gegen die." Er hebt streng den Finger: „Solange sie sich benehmen können!" Dann wackelt er wieder zu Gabi und seiner Bratwurst.

„Ich bin nicht hundert Prozent überzeugt, dass wir hier richtig sind", raunt mir Stefan zu. „Eher so sechzig!"

„Sehr gut", antworte ich. „Bei mir sind's vierzig. Reicht das zusammen für eine Nacht?"

***

Auch unser zweiter Eindruck vom Plattensee sorgt am nächsten Tag nur für dezente Begeisterungsstürme: Stolze deutsche Goldkettchenträger piksen mit dürren Plastikgabeln in dicke Langos-Fladen, ungarische Folklorechöre plärren die Rolling-Stones-Coverband vom Nachbarcampingplatz nieder, ostdeutsche Islamisierungsflüchtlinge führen ihre Kampfhunde an der Uferpromenade spazieren, die Wassertemperatur erinnert an ein Kinderplanschbecken, der Wein fließt in Strömen, die Sprache wird sämig und abends teilen Millionen Stechmücken die menschlichen Überreste der letzten Strandlieger unter sich auf.

Eigentlich hätte es uns also kaum noch eine weitere Nacht am Plattensee gehalten, hätten wir nicht gemerkt, dass man hier ganz großartig Rad fahren kann. Zum Beispiel nach Keszthely, einer 20.000-Einwohner-Stadt am Westufer mit einer fast blendend hell gepflasterten Fußgängerzone, einem Barockschloss und (laut meinen Online-Tippgebern) einer der besten Eisdielen Ungarns. Oder an den Weinbergen vorbei und durch riesige Naturreservate bis zum Kis-Balaton, dem „kleinen Balaton". Das alles auf feinsten Fahrradwegen, durch Vogelschutzgebiete, wo höchstens mal ein Fasan aus dem Gebüsch platzt, ein Storch über unsere Köpfe fliegt und ein paar ratlose Büffel fragend in unsere Richtung kauen. Die Fahrradwege sind übrigens absolut lebensnotwendig, denn ungarische Autofahrer fahren nicht einfach wie gesengte Säue, sondern wie lodernde Zuchtbullen. Ernsthaft. Bis vor wenigen Tagen dachte ich: „Niemand kann wichtigtuerischer über die Landstraße brettern und halsbrecherischer überholen als die Italiener." Aber da lacht der mutige Ungar nur und nimmt die Herausforderung gerne an: „Hold my Gulaschsuppe!"

Am dritten Tag kommt sogar unser Zelt mal zum Einsatz: Wir radeln von Gyenesdiás bis nach Tihany, einer Halbinsel, die fünf Kilometer in den Plattensee hineinragt. Das Dorf selbst liegt auf einem Hügel, an der höchsten Stelle steht eine barocke Abtei, die Häuser kräuseln sich außen rum – es ist ein bisschen Istrien mitten in Ungarn.

Für die Nacht suchen wir uns einen Zeltplatz in Balatonakali. Eigentlich wollte ich noch mit unseren ungarischen Campingnachbarn plaudern, die sehr gut gelaunte Ska-Musik hören, aber als wir nach 80 Kilometern mit Sack und Pack und Hundeanhänger unser Zelt aufgestellt, die Luftmatratzen aufgeblasen und die Schlafsäcke ausgerollt haben, fallen mir schlicht und ergreifend die Augen zu.

Erst spät am nächsten Morgen schälen wir uns wieder aus unserem Zelt und ich spreche einen der Mitcamper, der sich als Sandor vorstellt, an: „Die Musik, die ihr gestern Nacht gehört habt. Was war das?"

Sein Gesicht hellt sich schlagartig auf: „Pannonia Allstars Ska Orchestra", erklärt er stolz. „It's a famous band from Budapest." Wir kommen ins Gespräch, was mit Ungarn übrigens deutlich einfacher geht als mit Tschechen. Fast alle sprechen Englisch, viele sogar Deutsch, niemand rennt weg.

Sandor erzählt, dass er Krankenpfleger ist und demnächst wohl nach Österreich ziehen wird, weil er von dem Geld, das er in Ungarn verdient, keine Familie gründen kann. Eigentlich würde er viel lieber hier bleiben, aber er sieht einfach keine Chance für sich und seine Freundin.

Ich weiß gar nicht, wie oft ich diese Geschichten in den letzten Wochen schon gehört habe: junge Leute aus Slowenien, Tschechien oder Ungarn, die alle erzählen, dass sie am liebsten in ihren Heimatländern bleiben würden, aber nicht wissen, wie sie von dem dort verdienten Geld eine Familie gründen sollen. Vielleicht sollte man sich das ab und zu bewusst machen, wenn mal wieder die Rede von „Wirtschaftsflüchtlingen" ist: Die wenigsten von denen kommen zu uns, weil sie auf Hartz IV hoffen oder weil beim Aldi die Milch so billig ist.

***

Natascha L. schreibt: „Macht doch mal eine Radtour zum Thermalsee nach Hévíz! Da habe ich mir den ersten und einzigen Fußpilz meines Lebens geholt!"

***

Äh … ja. Manchmal wundere ich mich, was meine Facebook-Follower so unter „Empfehlung" verstehen. Aber egal.

Hévíz, das kannte ich bisher nur aus den Urlaubserzählungen meiner Eltern. Lange Jahre fuhren Herr und Frau Barth einmal im Jahr mit einem Reisebus dorthin, badeten täglich im Thermalsee, besuchten nachmittags eine Weinwirtschaft, gingen abends in eine Telefonzelle und warfen den Minimalbetrag für ein Auslandsgespräch ein, wählten meine Nummer und dann hörte ich eigentlich immer dasselbe: „Markus, hier ist der Papa aus Ungarn. Hier ist alles wahnsinnig billig! Der Schoppen kostet nur …" Klick. Jedes Mal.

Jetzt stehe ich selbst vor dem großen Eingangstor zum berühmten Thermalsee, das ein bisschen arg rosa geraten ist und mit seinen aufgemalten Lilienblüten und

Preisangaben in allen Sprachen der Welt eher aussieht wie das Portal eines Thai-Restaurants. Während ich die Einlassbedingungen studiere, schlurfen zahllose Rentner mit knallbunten Poolnudeln und benoppten Badelatschen an mir vorbei.

„Hunde dürfen leider nicht rein", sage ich zu Stefan.

„Das macht gar nichts!" Er wirkt fast erleichtert: „Wir warten hier auf dich!"

Ich zahle also die 2.400 Forint (ungefähr acht Euro) Eintritt, um mir das Spektakel aus der Nähe anzuschauen: Über einen gewundenen Teerweg gelange ich, an einer Kantine und einem über und über mit Poolnudeln bestückten Kiosk vorbei, zum Thermalsee. Der entpuppt sich als seerosenbedeckte Pfütze, in der Hunderte meist ältere Semester in zu Reifen gekränzten Schwimmhilfen treiben. Am Rand liegen noch mal doppelt so viele Badegäste auf Strandliegen und schauen leicht entrückt aufs Wasser. Es ist ein bisschen Rimini auf Valium.

Ich stelle mich kurz unter eine nach Schwefel riechende Dusche und steige dann bedächtig ins Wasser. Alles hier ist bedächtig. Bedächtig und still und langsam und vor allem sehr, sehr warm. 36 Grad hat der See. Wenn jeder hier ein Röhrchen mitnähme und ein bisschen Luft ins Wasser pustete, hätte man im Nu den größten Whirlpool der Welt. Ich schwimme ein paar Züge, merke aber schnell, dass das keinen Sinn hat. Ich glaube, ich bin noch nie beim Schwimmen ins Schwitzen gekommen, aber nun ist es so weit. Schließlich halte ich mich an einer der ins Wasser geschraubten Holzplanken fest. Ab und zu schweben braune Köttel vorbei, von denen ich sehr hoffe, dass es sich nur um aufgewühlten Heilschlamm handelt. Ich lasse mich treiben. Schaue auf die Seerosen. Wieder weht mir eine leichte Schwefelbrise in die Nase. Smells like not so teen spirit. Die Sonne brennt auf meine Glatze und spiegelt sich im See. Mein Blick fällt aufs Wasser. So muss es sich wohl anfühlen, wenn man ins Licht geht.

Nach einer halben Stunde habe ich genug: Ich steige aus dem Wasser, verzichte auf die Faule-Eier-Dusche, trockne mich ab und schlurfe zurück zum Eingang. Warum gehe ich denn auf einmal auch so langsam? Und warum beschleicht mich so eine leicht melancholische Endzeitstimmung? Lag's an der Altersgruppe um mich herum? An der Sonneneinstrahlung? Am Schwefeldunst?

„Und?", fragt Stefan. „Neue Erkenntnisse?"

Ich nicke: „Wenn ich eines Tages über den Jordan gehe, dann hoffentlich etwas würdevoller als in einer zum Schwimmreifen gekränzten Poolnudel."

***

Am spannendsten finde ich auf dieser Reise immer Länder, die sich hartnäckig weigern, dem Bild zu entsprechen, das ich von ihnen hatte. Ungarn ist dafür ein echtes Paradebeispiel. Bis vor Kurzem fiel mir zu diesem Land nur ein wilder Mix aus Ostblockflair, Viktor Orbán und Csárdásfürstin ein. Da haben Menschen schon von weniger Alpträume bekommen.

Es kam zum Glück sehr anders.

Jetzt, nach mehreren Radtouren und Besichtigungstrips hier, weiß ich: „Ostblock" kann man schon mal völlig vergessen. Damit haben die Ungarn nichts zu tun. Hier ist „Zentraleuropa"! Lieblingsfarbe: bunt! Kein Wunder, dass das Nationalgewürz hier tiefroter Paprika ist und nicht, was weiß ich, Mehl.

Vor lauter Freude über all das Bunte und Leckere haben wir unseren Aufenthalt am Plattensee also auf fast eine Woche ausgedehnt. Gerade sitzen wir vor unserem Auto, spielen eine Runde Kniffel und so sehr ich Kniffel auch mag: Im Moment frage ich mich schon, ob das intellektuell nicht besonders herausfordernde Zusammenwürfeln von Großen und Kleinen Straßen vielleicht schon ein Zeichen dafür ist, dass auch in unseren Gehirnen eine leichte Balatonisierung einsetzt und auch wir demnächst beim Langos-Piksen mit den Plastikgabeln in unseren Goldkettchen hängen bleiben. Vielleicht brauchen wir einfach einen kleinen Schubs, um von hier wieder wegzukommen.

Genau in dem Moment steht Gabi, unsere sehr miesepetrige Nachbarin zur Linken, die den ganzen Tag muffelig mit einem regenbogenfarbenen Regenschirm-Hut-Hybrid auf dem Kopf vor ihrem Wohnmobil Liebfrauenmilch süffelt und bisher kein Wort mit uns gesprochen hat, auf und kommt an unseren Platz. Sie stellt sich neben unseren Tisch und stemmt die Arme in die Hüften. Wir unterbrechen die Kniffelpartie und schauen sie erwartungsvoll an.

„Also eins muss ich mal loswerden, ne?", sagt sie.

Wir erwarten Schlimmes.

„Ich mag euch. Ich mag euch echt."

Wir sind einigermaßen überrascht.

„Das ist … äh … sehr nett, Gabi. Danke!", sage ich und will sie schon zu uns an den Tisch bitten.

„Aber eins versteh ich nicht: Warum seid ihr schwul?"

Stefan und ich schauen uns an und wissen beide nicht so recht, was wir darauf antworten sollen.

Stefan versucht es auf die wissenschaftliche Tour: „Ja also … da gibt es unterschiedliche Theorien … Manche meinen …"

Aber Gabi unterbricht ihn: „Das macht überhaupt keinen Sinn! Ihr seht doch ganz passabel aus! Das ist totale … Materialverschwendung!"

Sie klatscht sich mit der flachen Hand vor die Stirn

und schüttelt den Kopf. Dann zuckt sie die Schultern: „Na ja. Wollte ich nur mal loswerden."

Sie dreht sich um und wackelt zurück zu ihrem Tetrapack Liebfrauenmilch.

Ich schaue Stefan an. Der schüttelt den Kniffelbecher und fängt dabei leise an zu singen: „Time tooooo say goodbyyyyyeeee …"

Danke Gabi, das war er dann wohl – der nötige Schubs.

13. COUNTRY DANCE UND FÜLEMÜLE

Pécs, Budapest (Ungarn)

Hanne U. schreibt: „Wenn ihr mal 'ne halbe Stunde voll ungläubigem Staunen verbringen wollt, schaut euch die Liszt-Statue in Pécs an. Ungarns hässlichstes Denkmal in Ungarns zweitschönster Stadt!"

***

„Warum steht der denn so schief?", fragt Stefan.
„Angeblich, damit er die Glocken der Basilika hören kann. Vielleicht ist aber auch nur das Zinn in den Beinen bei der Hitze geschmolzen."
„Und was hat der auf dem Kopf?"
„Ich schätze, das sollen Haare sein. Oder er trocknet Nudeln, man weiß es nicht genau!"
Wir stehen vor der Liszt-Statue in Pécs, einer Universitätsstadt 100 Kilometer südlich des Plattensees, und verstehen sofort, was Hanne U. meint: Das von Imre Varga geschaffene Zinndenkmal, das an den Besuch Liszts im Jahr 1846 erinnern soll, ist eine seltsame Mischung aus Skulptur und Auffahrunfall. Windschief, zerzupft und knittrig lümmelt Liszt an einer Balkonbrüstung am Bischofspalast und man weiß nicht recht, ob er wirklich besser hören oder sich in die Tiefe stürzen will. Kann man sich als Promi eigentlich gegen so ein Denkmal wehren? Ich muss spontan an den unfassbar lieblos gestalteten Yitzhak-Rabin-Platz in Köln denken. Die Verantwortlichen in unserer bei solchen Fragen generell etwas unbekümmerten Domstadt haben sich nämlich da-

für entschieden, mit einem Parkplatz samt Stromhäuschen und Spritzenautomat des israelischen Friedensnobelpreisträgers zu gedenken. Falls ich jemals richtig berühmt werde, möchte ich hiermit festhalten, dass mir weder die Stadt Köln noch Imre Varga jemals ein Denkmal setzen sollen.

Wir bummeln noch eine Weile durch Pécs, an der Basilika St. Peter und Paul und der Moschee des Paschas Gasi Kassim vorbei zur Pestsäule und den frühchristlichen Grabbauten. Bei der Geschichte Fünfkirchens, wie die Stadt auf Deutsch heißt, kann einem der Kopf schwirren: Römer, Türken, Habsburger – Pécs hat so oft den Besitzer gewechselt, dass die Einwohner vermutlich heute noch morgens aufstehen und fragen: „Schatz, hilf mir mal: Wer ist grade dran mit Herrschen?" (Im Zweifel einfach mal die Menschen in Maribor anrufen, die kennen diese Situation nur zu gut!) Hier gibt es Kirchen, die auf Moscheen gebaut sind, die wiederum aus Steinen alter Kirchen errichtet wurden, die auf Überresten römischer Friedhöfe standen. Es ist eine Art „Der grüne Punkt" für Sakralbauten.

Insofern ist eine Komponistenstatue aus eingeschmolzenen Joghurtdeckeln vielleicht nur konsequent.

***

Als wir Pécs verlassen, schaue ich auf den Kilometerzähler: „Und das war er: Kilometer 6.000 unserer Reise!"

Stefan reagiert nicht. Ich sehe, dass er seine Facebook-Timeline auf dem Handy durchscrollt und ein bisschen wehmütig schaut. Was ist denn los mit ihm? Mein Mann hat eigentlich das, was man wohl ein „sonniges Gemüt" nennen würde: Es gibt kaum einen Tag, an dem ich nicht schon vor dem zweiten Kaffee mit ihm oder über ihn lache. Wenn sich seine Gesichtszüge dauerhaft verfinstern, ist das für mich deshalb traditionell sehr schwer auszuhalten. Ich wage einfach mal einen Schuss ins Blaue: „Hast du Heimweh?"

Wir sind jetzt ziemlich genau zwei Monate unterwegs, wenn man unseren Rucksackurlaub in Südamerika, mit dem wir dieses Sabbatical eingeläutet haben, dazurechnet, sind es fast vier.

Stefan legt sein Smartphone weg: „Nee."

„Aber …?"

Er zögert. Dann platzt es aus ihm heraus: „Ich würde so wahnsinnig gern mal wieder mit ein paar Freunden quatschen. Einfach zusammensitzen, Wein trinken, lachen, Geschichten erzählen und spät nachts glücklich ins Bett fallen. Das wünsche ich mir."

Ich nicke. Deshalb war er also in den letzten Tagen so still.

„In zehn Tagen treffen wir die Mädels in Bratislava!", versuche ich ihn aufzumuntern. „Die Mädels", das sind zwei gute Freundinnen von uns, mit denen wir jedes Jahr eine Städtereise in Europa planen. Dieses Jahr haben sie versprochen, uns einfach irgendwo auf der Route abzupassen.

„Ist das nichts?"

„Doch, das ist super", erwidert Stefan. „Aber … eben erst in zehn Tagen."

Wir schweigen kurz. Dann fahre ich rechts ran. Ein ungarischer Harakirifahrer zieht wild hupend an unserem Auto vorbei.

„Was ist jetzt?", fragt Stefan.

„Fahr du mal ein bisschen", sage ich und steige aus, um die Seite zu wechseln. „Ich hab da vorhin was im Netz gelesen. Vielleicht hilft uns das weiter …"

***

Jonas P. schreibt: „Gar nicht weit von Pécs gibt es einen der schönsten Campingplätze Ungarns. Und die holländischen Besitzer sind die nettesten Menschen, die ich seit Jahren getroffen habe!"

***

Es ist perfekt. Es ist einfach perfekt. Wir stehen auf einem Campingplatz 30 Kilometer westlich von Pécs und machen seit gut fünf Minuten nichts anderes, als uns umzuschauen: Zu unseren Füßen leuchtet ein sattgrüner Rasen. Überall blühen knallbunte Blumen, riesige Pflaumen- und Nussbäume beschatten die Stellplätze. Es gibt einen Hundeauslauf und einen Nutzgarten. Durch die gesamte Anlage fließt ein kleiner, künstlicher Bach. Die sanitären Anlagen blitzen und blinken, als hätte sie noch nie ein Gast benutzt, am Küchenhäuschen hängen Zettel mit Informationen zu der Region und einen Brötchenservice gibt es auch.

Das Einzige, was es nicht gibt, sind andere Gäste. Warum eigentlich? Willem, der Besitzer des Platzes, zuckt die Schulter: „Die kommen schon noch. Wir haben hier immer mal mehr, mal weniger Gäste. Völlig normal. Ich mache mir da keine Sorgen." Überhaupt scheint sich unser tiefenentspannter Gastgeber eher selten Sorgen zu machen: Durch den Verkauf seiner Maschinenfirma hat er vor einigen Jahren gutes Geld verdient, das er dann in diesen Platz gesteckt hat. Um Ruhe zu haben. Kein Zweifel: Die hat er hier.

Das ist vielleicht der einzige Haken: Es gibt ein bisschen viel Ruhe. Sowohl auf dem Platz als auch außen rum. Die Nachbarschaft besteht zum Großteil aus pensionierten Niederländern, es gibt kein einziges Geschäft und selbst das nächste Restaurant ist mehrere Kilometer entfernt. Was macht man hier denn so?

„Sit and relax!", meint Willem, bevor er sich in seinen Geräteschuppen verzieht.

„Mist", sage ich zu Stefan. „So richtig viel Geplauder ist hier aber auch nicht geboten."

Mein Mann wirkt jedoch entspannt: „Jetzt legen wir uns erst mal ein bisschen in die Sonne und dann sehen wir weiter."

Ungefähr eine Stunde später werden wir von lautem Gezeter aus schlechten Radioboxen geweckt. Ich öffne die Augen und sehe zum ersten Mal Kaia, Willems Frau: eine kleine Afrikanerin mit geflochtenen Zöpfen, grüner Latzhose, viel zu großen Gummistiefeln und einem quietschgelben Plastikradio um den Hals, aus dem eine afrikanische Radiosendung ertönt. Sie sieht uns ebenfalls und erschrickt: „Oh no, did my Podcast wake you up?"

Stefan lacht: „Don't worry." Sofort kommen wir ins Gespräch, über den Campingplatz, die Pflanzen, die Gegend. Kaia strahlt und erzählt und es ist ziemlich offensichtlich, dass nicht nur wir uns nach ein bisschen Unterhaltung gesehnt haben. Ich frage sie, ob sie einen Kaffee mit uns trinken will.

Sie wirkt überrascht, lächelt mich dann aber an: „Actually, I would love to!" Dann schiebt sie ihre Schubkarre zur Seite.

Wir haben während unserer ganzen Reise noch nie so viel am Stück mit einem Menschen gesprochen: Kaia erzählt uns von ihrer Kindheit in Liberia und Sierra Leone. Von ihrem Vater, der ein Kirchenmann war – „but evil!" Von ihren Geschwistern und ihrer Verwandtschaft, von ihrem größten Hobby („Country Western Dance!"), von ihrer Liebe zu Willem und wie es war, als er ihr zum ersten Mal das Grundstück hier in Ungarn gezeigt hat: „Da war nur Dreck und Lehm. Überall! Ich hab ihn angebrüllt: ‚Dafür bin ich doch nicht aus Afrika weg!'"

Sie lacht und schüttelt sich.

Ich frage sie, wie sie denn mit den Menschen in Ungarn zurechtkomme. Gerade seit Orbán an der Macht ist, hört man doch immer wieder von der fremdenfeindlichen Stimmung im Land. Wir als Touristen bekommen davon nichts mit. Aber wenn man hier wohnt, ist das doch sicher anders?

Kaia winkt ab: „Ach, das kenne ich doch alles schon aus den Niederlanden. Natürlich gibt es Xenophobie unter den Ungarn. Aber es gibt auch Holländer, die hier ankommen, mich sehen, die Augen verdrehen und stöhnen: ‚Jetzt sind die hier auch schon!‘"

Sie lacht. Dann wird sie ernster: „Viel größere Probleme hatte meine Tochter, als sie hier eine Zeit lang zur Schule ging. Aber nicht, weil sie eine afrikanische Mutter hat, sondern weil sie etwas hellere Haut hat als ich und deshalb immer für eine Roma gehalten wurde." Kaia hebt streng den Finger: „Afrikaner lassen die Ungarn gerade noch so durchgehen – aber als Sinti oder Roma hast du echt verschissen!"

Dann lacht sie wieder.

Ich beneide sie für ihren Galgenhumor. Und frage mich, ob Rassisten bei all dem absurden Hass manchmal wenigstens selbst ein bisschen durcheinander kommen.

Erst nach drei Nächten und vielen Gesprächen und Kaffees mit Kaia brechen wir auf. Während wir Richtung Budapest fahren und die überraschend eintönige Landschaft der ungarischen Ebene an uns vorbeizieht (keine Berge, kaum Hügel, dafür sehr viele Sonnenblumen und Raps), wende ich mich an Stefan: „Was macht der Socialising-Akku? Wieder aufgefüllt? Halten wir durch, bis Annelie und Linda kommen?"

„Locker!", sagt mein Mann und lächelt.

Ach, dieses Lächeln – ich hatte es vermisst!

„Darf ich mir dann jetzt auch was wünschen?"

„Schieß los."

„Ich will in ein Hotel!"

Stefan lacht und schüttelt den Kopf. Dann öffnet er die HRS-App auf seinem Handy.

***

Wenn Stefan und ich die Wahl zwischen einem Hotelzimmer und unserem Wohnmobil haben, nehmen wir eigentlich immer Letzteres. Viele Menschen können das nicht verstehen, aber unser Auto ist für uns eine Art Zweitwohnung auf Rädern: Da liegen wir in unserem eigenen Bett, haben all unsere Sachen um uns herum und kennen jede Ecke. Klar, man muss es auch selbst putzen, aber mit allenfalls acht Quadratmetern ist man relativ schnell fertig.

Der Wunsch nach einem Hotel in Budapest kam für meinen Mann deshalb vermutlich überraschend, aber nach 58 Nächten auf 28 verschiedenen Campingplätzen wollte ich einfach mal wieder sinnlos fremder Leute Badezimmer versauen. Da wir auf einen großen Freiluft-Parkplatz angewiesen sind (unser Auto passt in kein Parkhaus) und ein Hotel brauchen, das Hunde aufnimmt, entscheiden wir uns für ein ziemlich teures Viereinhalb-Sterne-Haus in Óbuda, dem ältesten Teil der Stadt am rechten Donau-Ufer. Ich bin erstaunt, wie schnell man sich an den Luxus gewöhnt: Nach acht Wochen im Wohnmobil kommt man sich beim Anblick einer blank gewienerten Hotellobby zwar erst vor wie ein Grubenkumpel, der sich auf den Bundespresseball verirrt. Aber schon nach wenigen Stunden greifen alle deutschen Urlauberreflexe und ich erwische mich dabei, wie ich an der Rezeption stehe und sage:

„Entschuldigung, unsere Klimaanlage scheint nicht zu funktionieren. Es ist wirklich bullenheiß im Zimmer."

Die Dame an der Rezeption lächelt mich entschuldigend an: „Das tut mir wirklich sehr leid, Herr Barth. Wir kümmern uns sofort."

„Danke. Die Minibar ist übrigens auch nicht aufgefüllt, wir haben ein großes Badetuch zu wenig und sollten wir uns wegen der Bettwanzenfalle unter unserem Bett irgendwelche Sorgen machen?"

Die Dame schaut mich mit leicht hochgezogenen Augenbrauen an. Dann lächelt sie nur süffisant und fragt: „Haben Sie denn einen schönen Parkplatz für Ihren Campingbus gefunden?"

Dabei betont sie das Wort „Campingbus" dermaßen, dass ich mich sofort für mein pingeliges Gequengel schäme. Ich murmele ein „Jaja, alles bestens" und mache mich vom Acker. Der Grubenkumpel geht wieder unter Tage.

***

Holger A. schreibt: „Die Fischerbastei in Budapest ist Pflicht! Und die Margareteninsel! Und besucht auf jeden Fall eines der legendären Thermalbäder. Aber Vorsicht: Badekappenpflicht!"

***

Im Nachhinein wundere ich mich, was für eine verquere Vorstellung ich eigentlich von Budapest hatte. Ich hatte mir alles dort wahnsinnig dunkel vorgestellt: schwere Holztische, dunkle Soßen, trauriges Wetter. Ich hätte kaum mehr danebenliegen können.

Budapest hat sich in kürzester Zeit auf die Liste meiner europäischen Lieblingsstädte gewemst. „Wie hell und freundlich das alles ist", denke ich, während ich mit Stefan und Bärbel durch die Stadt radele. Links der Donau imponiert das erstaunlich zipfelige Parlamentsgebäude, rechts leuchtet die wie aus Sand geformte Fischerbastei. Man kann hier fantastisch essen, leckere Fröccs trinken (eine Art Weinschorle und wahrscheinlich das einzige Getränk, das auch ein Verdauungslaut ist!) und entdeckt Straßen und Gebäude, die schon in so vielen Filmen zu sehen waren, dass man nie weiß, ob gleich James Bond, Robert Langdon oder John McClane um die Ecke kommt. Nach einer ersten Übersichtstour radeln wir schließlich auf die Margareteninsel und hängen die dick gestrampelten Beine in den Springbrunnen, während die Wasserfontänen zur ungarischen Version von „Let it go!" tanzen. Wie soll man diese Stadt nicht lieben?

Wasser ist hier sowieso ein großes Thema. Zum einen natürlich durch die Donau, die die Stadt in Buda und Pest teilt. Zum anderen findet hier gerade die Schwimm-WM statt. Also nicht in der Donau, aber in Budapest. In der ganzen Stadt und allen Hotels tummeln sich Horden durchtrainierter Profischwimmer aus aller Welt. Rein optisch eine eher mittelschlimme Belastung.

Wir bringen Bärbel ins Hotel und machen uns auf den Weg ins Gellért-Bad, eines der berühmten Thermalbäder Budapests. Wobei „Thermalbad" ein wirklich unzureichender Begriff für diesen Jugendstiltempel ist: Überall Schnörkel und Statuen und bunte Fliesen, es gibt einen großzügigen Außenbereich mit Wellenbad und einen babyblau gekachelten 40-Grad-Whirlpool mit Muschelornamenten und Fischskulpturen. Da können SaLü, Kiss-Salis, Liquidrom und wie Deutschlands Thermalbäder und Rutschenparadiese so alle heißen, wirklich einpacken.

Das mit der Badekappenpflicht stimmt übrigens immer noch: Am Eingang müssen sowohl Stefan als auch ich ein quietschgelbes Kopfkondom erstehen. Das ist zwar ein bisschen lustig, weil unser trauriges Kopfgefussel kaum Platz für Parasiten bietet, aber nach den Erlebnissen an unserer Hotelrezeption wollte ich nicht schon wieder den deutschen Beschwerer markieren.

Vor einigen Jahren kam das Gellért-Bad zu zweifelhafter Berühmtheit, da eine große deutsche Versicherung ihre besonders verdienten Außendienstmitarbeiter hier zu einem ... na ja ... Rundum-Verwöhntag eingeladen hatte. Das macht die Sache mit der Badekappenpflicht noch ein bisschen absurder. Denn ich kann mir kaum vorstellen, dass damals jemand die Versicherer aus Deutschland mit den Worten „Hallo Herr Kaiser, da drüben geht's zu den Nutten, aber vergessen Sie nicht, die Badekappe aufzusetzen!" empfangen hat.

***

Mirela O. schreibt: „In Budapest kann man sehr witzige Ungarisch-Intensiv-Kurse buchen. Mein Lieblingswort ist Fülemüle!"

***

„What languages do you speak?", fragt Zoltán.
„English, French, bits of Dutch and Spanish", antworte ich.
„Haha, of course", lacht er abschätzig und schürzt die Lippen: „The easy ones!"
Wir haben einen zweistündigen Blitzkurs Ungarisch gebucht und sitzen jetzt mit Zoltán, unserem Lehrer, in einem Biergarten in Óbuda. Zoltán schüttet erstaunliche Mengen Fröccs in sich hinein und schon nach wenigen Minuten bin ich mir nicht mehr sicher, ob wir hier wirklich nur Ungarisch lernen sollen oder ob es noch ein paar Lektionen „Touristenbeschimpfung" gratis dazu gibt.

Zoltán geht auf die 60 zu und trägt eine sehr dunkle Sonnenbrille. Sein stark verschwitztes Hemd klebt an dem etwas aus der Form geratenen Oberkörper. Er hat am Vorabend offensichtlich gut gebechert – und, wie es scheint, auch an zahlreichen Vorabenden des Vorabends. Jetzt lässt er abwechselnd absurd lange ungarische Wörter und mal deutsche, mal englische Beschimpfungen auf uns herabregnen:

„Stefan, say: Köszönöm!"

„Kössönom."

„Nooooo!", unterbricht ihn Zoltán und ist offensichtlich kurz davor, sein Glas nach meinem Mann zu werfen: „Nicht: Kössönom! It´s: Köszönöm!"

Stefan und ich schauen uns an. Will der uns veräppeln oder einfach nur die zwei Stunden irgendwie rumbringen?

Zoltán rollt die Augen: „Bring me some more Fröccs, will you?" Er drückt meinem Mann sein leeres Glas in die Hand und der geht, höflich wie er ist, zur Theke. In der Zwischenzeit klärt mich Zoltán über ein paar Feinheiten der ungarischen Sprache auf: „Egészségedre" heißt „Prost", wenn man aber auch nur einen Buchstaben ein bisschen anders ausspricht, heißt es irgendwas mit „dickem Hintern". „Rossz" heißt „schlecht", was die Manager der deutschen Drogeriekette Rossmann offensichtlich nicht wussten, bevor sie die erste Filiale hier eröffneten. „Német" heißt „deutsch", es heißt aber auch „stumm" – denn ob du deutsch sprichst oder gar nicht sprechen kannst, ist für die Ungarn quasi dasselbe. Besonders begeistert bin ich aber von „Borozgattunk". Das heißt: „Wir saßen gemütlich mit Freunden zusammen und tranken Wein." Ja, richtig verstanden: der ganze Satz – ein Wort! Fantastische Sprache.

Ich lasse mir lächelnd mein neues Lieblingswort auf der Zunge zergehen: „Borozgattunk!"

Unsere schwitzende Sprachendiva verdreht sofort die Augen: „Markus, you're überhaupt not musikalisch! You can't speak our beautiful language!"

Ich ziehe den Kopf ein: „Äh … I'm sorry, Zoltán!"

Stefan kommt zurück und gibt Zoltán ein frisches Glas Fröccs. Der leert es mit einem Zug und lässt einen fulminanten Rülpser vom Stapel: „Brrrrööööööps!"

Stefan schaut mich irritiert an: „War das auch ungarisch?"

Zoltán hat ihn offensichtlich verstanden und lacht: „Yes, that's hungarian and it means: Lesson is over!" Er steht auf und packt seine Unterrichtsunterlagen zusammen. „Any questions?"

„Yes", sage ich, weil ich mich gerade an unsere Facebook-Tippgeberin erinnere: „What is Fülemüle?"

Zoltán richtet sich auf, schaut in den Himmel, spitzt die Lippen, wedelt mit den Armen und fängt an, eine nicht identifizierbare Melodie zu pfeifen.

„Verdammt", denke ich, „jetzt hat's ihm endgültig den Paprika ausm Beet gehauen." Stefan schaut mich ebenfalls ratlos an. Aber Zoltán lässt nicht locker: „You understand?" Er hebt wieder den Kopf und pfeift.

„Not really", antwortet Stefan.

„Fülemüle is Nightingale! Nachtigall, you stupid!" Er schlägt meinem Mann mit der flachen Hand auf den Kopf. Dann nimmt er seine speckige Ledertasche und lässt uns einfach sitzen.

Wir schauen ihm lange hinterher. Schließlich erhebt Stefan sein Glas: „Na dann, auf unsere neu erworbenen Ungarischkenntnisse!" Er leert das Glas und klopft sich zweimal mit der Faust gegen die Brust: „Bröööps!"

14. DIE EWIGE JACKE

Donauknie, Bratislava (Ungarn, Slowakei)

Karin D. schreibt: „Merk dir die kleine Künstlerstadt Szentendre unweit von Budapest: ein goldiges Barockstädtchen mit hervorragenden Restaurants."

***

Mittlerweile haben wohl auch die letzten Facebook-Follower mitbekommen, dass man mich mit gutem Essen immer locken kann. Szentendre stand aber sowieso auf unserer Liste, da wir uns am Donauknie entlang gemütlich Richtung Bratislava vorarbeiten wollen. Wir finden einen idyllischen Campingplatz am Rand der Künstlerstadt, entspannt gelegen zwischen einem schmalen Bach und der Donau. Es gibt sogar einen Swimmingpool auf einer kleinen Anhöhe, von dem aus man auf den Fluss schauen kann – das ist dann wohl die Camperentsprechung zum Malediven-Hotelpool.

Wir lassen uns nieder und fahren mit den Rädern ins Zentrum. Der Name der Stadt wird sofort etwas leichter verständlich, wenn man weiß, welchem Heiligen eine der ersten Kirchen des schon 1009 urkundlich erwähnten Ortes geweiht war: Sankt Andreas. Einfach mal langsam auf der Zunge zergehen lassen: Sankt Andreas – Saint Andrew – Szentendre. Voilà!

Die ganze Gegend hier war im 16. Jahrhundert fest in türkischer Hand, wovon man aber nichts mehr merkt. Moscheen und Basare kann man hier lange suchen, es gibt noch nicht mal eine Dönerbude. Im frühen 20. Jahr-

147

hundert gründete sich dann eine Künstlerkolonie, wovon man deutlich mehr merkt: Überall stehen Skulpturen, es gibt zahllose Galerien und Museen und Restaurants mit Spezialitäten aus aller Welt. Wir bummeln durch die Gassen und steigen zur serbisch-orthodoxen Verklärungskirche empor. In einer Seitenstraße entdecken wir ein kleines Innenhofrestaurant. Der Chef begrüßt uns persönlich: Ein Bär von einem Mann, Italiener, schwarze, dichte Locken fallen auf seine massigen Schultern. Seine Körperbehaarung streckt sich weit aus dem stramm sitzenden Oberhemd, als müsse sie vor der beeindruckenden Brustmuskulatur fliehen. Er serviert uns selbst gemachte Tintenfischpasta und Blattsalat, der mindestens genauso vor Lebenskraft strotzt wie der Koch, und wir sind sehr schnell sehr glücklich.

Als der Chef nach dem Dessert an unseren Tisch kommt, loben wir sein Essen in den höchsten Tönen. Er zeigt uns dafür ein Lächeln, auf das sogar Stefan Raab neidisch wäre. Der ganze Mann ist irgendwas zwischen einer Michelangelo-Statue und einem Ackergaul.

„Wie kommt man eigentlich als Italiener auf die Idee, hierher zu ziehen?", frage ich ihn.

Sein Lächeln verschwindet. „Good question", seufzt er und ich bereue meine Frage schon fast.

„I came because of a woman", ergänzt er und schüttelt den Kopf: „But I don't know why I stayed."

Am meisten macht ihm wohl die etwas unterentwickelte Ausgehkultur der Ungarn zu schaffen: Der Magyar von heute sitzt um 18 Uhr gerne auf der Couch, isst Selbstgekochtes beziehungsweise -aufgewärmtes und schmeißt die Glotze an. Für einen italienischen Gastronomen, dem das Temperament und die Lebensfreude aus jeder Pore tropfen, ein ziemlich unvorstellbarer Lebensentwurf.

Was er am meisten vermisse, frage ich ihn.

Sein Gesicht hellt sich auf: „La Piazza!" – den italienischen Dorfplatz also, auf dem sich, wie auch wir erst vor Kurzem erlebt haben, vor allem im Sommer das gesamte Dorfleben abspielt.

„Na ja", sage ich und deute auf seinen Innenhof. „Du hast doch hier deine eigene Piazza!"

Er lacht und bringt uns noch eine Flasche Wein. Dann setzt er sich zu uns und wir unterhalten uns bis spät in die Nacht. Aus den Fenstern der Nachbarhäuser flackert blau-rotes TV-Licht.

***

Salz. Pures, leckeres Salz. Ich sitze vor unserem Wohnmobil und zupfe gut gelaunt einen Faden von dem zartbraunen Etwas in meiner Hand. Wir sind noch immer auf dem Campingplatz bei Szentendre und während Stefan sich um unsere Wäsche kümmert und Bärbel sich zu meinen Füßen räkelt, lümmle ich in einem Campingstuhl, lese einen Schwedenkrimi und inspiziere meine neueste Errungenschaft aus dem ungarischen Spar-Markt: ein tennisballgroßes, stramm geschnürtes Knäuel zäher Fäden, das vor allem nach einem schmeckt – Salz.

Irgendwann fällt mir auf, dass ich gar nicht so genau weiß, was ich da gerade eigentlich esse. Ich tippe auf Räucherkäse, es schmeckt ein bisschen wie Scamorza, aber sicher bin ich mir nicht. Auf der Verpackung gibt es nur eine ungarische Beschreibung – die hilft mir aber nicht weiter, da die Worte „Egészségedre" und „Borozgattunk" leider nicht vorkommen. Ich schieße deshalb ein Foto und stelle es zusammen mit folgendem Text auf meine Facebook-Seite:

„Frage an die Ungarn-Kenner unter euch: Weiß jemand, was das hier ist und was man damit macht? Sieht ein bisschen

aus wie ein Gummibandknäuel, ist extrem salzig und hat die Konsistenz eines Minigolfballs. Bitte sagt mir, dass es was Essbares ist, ich bin nämlich schon bei meinem zweiten ..."

Die Antworten lassen nicht lange auf sich warten:

Ronny Z. schreibt: „In Griechenland hab ich was Ähnliches gesehen – das waren Schafgedärme, um Nieren, Leber und Lunge gewickelt und dann gebraten."

Sofort höre ich auf zu kauen. Wer lässt sich denn so was einfallen? „Ich bring dich um und dann wickel ich deine Gedärme um deine Niere" wäre ja sogar den Protagonisten in meinem Schwedenkrimi zu brutal!

Rolf M. schreibt: „Ungarisches Paketband?"

Hm, könnte sein. Es klebt jedenfalls ziemlich. Besonders reißfest ist es aber nicht. Außerdem stammt es aus der Kühltheke – ein eher ungewöhnlicher Ort für Paketband.

Ulrich B. schreibt: „Vielleicht ein Meisenknödel?"

Kann nicht sein. Dreimal gepickt, und die Meise würde aufgrund des immensen Salzgehaltes vermutlich den halben Plattensee leer saufen. Außerdem: Ich als fränkischer Gesprächsausweicher und Auf-dem-Balkon-Überwinterer weiß doch, wie Meisenknödel schmecken.

Silke U. schreibt: „Sicher, dass es kein aufgewickelter Bandwurm ist?"

Heiliger! Vielleicht war das mit der Facebook-Anfrage doch keine so gute Idee! Na gut, einen noch:

Benny K. schreibt: Das ist Parenyica – geräucherter Käse. Kann man essen. Ich kenne das als geflochtenen Zopf, aber das hier scheint ja dasselbe zu sein."

Danke, Benny K.! Du hast meinen Tag gerettet. Beruhigt lehne ich mich zurück, mache mich an das dritte Käseknäuel und lese noch einen letzten Tipp auf meiner Facebook-Seite:

Lukas W. schreibt: „Spielst du nicht demnächst dein Stand-up-Programm in der Alten Molkerei in Bocholt? Lass dir den Käse auf jeden Fall in deine Bühnenanweisung schreiben!"

Jawohl. Das mach ich. In Zukunft steht dann da für alle Zeiten: „Markus Barth benötigt für seine Stand-up-Show eine gut ausgeleuchtete Bühne, ein Funkmikrofon und ein Knäuel ungarischen Räucherkäses (ersatzweise griechische Schafsnieren im Darmwickel)."

***

Wir tasten weiter das Donauknie ab Richtung Bratislava, machen einen kurzen Stopp in Visegrád, einem geschichtsbeladenen Städtchen, in dessen Burg bis 1440 die ungarischen Kronjuwelen aufbewahrt wurden, flüchten aber, als ein Spielmannszug mit Trommeln und Trompeten an uns vorbeizieht und Bärbel uns einen unmissverständlichen „Wenn da jetzt wieder Kanonenböller losgehen, hat der Arsch aber Kirmes"-Blick zuwirft. Schließlich landen wir in Esztergom, der früheren Hauptstadt Ungarns und Krönungsort des ersten ungarischen Königs Stephan im Jahr 1000, und ich fühle mich kurz an unsere Ankunft in Český Krumlov erinnert: Wie kann es sein, dass ich von diesem Ort und seinen Bauwerken noch nie etwas gehört habe? Die Kathedrale von Gran, wie die Stadt auf Deutsch heißt, kann nämlich locker mit dem Kölner Dom mithalten: Errichtet im 19. Jahrhundert auf einem Burgberg, ist sie einer der größten Sakralbauten Europas und steht auf Platz 18 der größten Kirchen der Welt. Eine riesige, 72 Meter hohe Kuppel thront über dem Gebäude, Ehrfurcht erregende Säulen flankieren den Eingang und durch den 5.600 Quadratmeter großen Innenraum könnte man einen „Herr der Ringe"-Olifanten treiben, ohne dabei die Einrichtung nennenswert zu beschädigen.

Ich stehe in der Basilika und schaue mich um. Die schwach bläulichen Marmorwände. Das riesige Altarbild. Die Heiligenbilder, die Deckengemälde, die silbrig und golden glänzende Orgel. Wer hier nicht mit offenem Mund steht, hat einfach keinen Sinn für Grandezza. Ich bin ja nicht der allergrößte Fan des Katholizismus, aber eines muss man dem Vatikan lassen: Deko könnense!

***

Felix F. schreibt: „Schaut mal, ob ihr in Bratislava die St.-Elisabeth-Kirche findet. Die Farbe ist ... gewöhnungsbedürftig!"

***

„Ich seh sie, ich seh sie!"

Wir sind mittlerweile in Bratislava angekommen, haben unsere Ferienwohnung bezogen, direkt zwei Ladungen Wäsche in die Waschmaschine gestopft und stehen jetzt auf der Außenterrasse eines Restaurants am Ufer der Donau. Wir starren aufs Wasser und halten Ausschau nach Annelie und Linda, unseren Freundinnen aus Köln, die heute mit der Schnellfähre von Wien nach Bratislava kommen wollen. Endlich legt der Twin City Liner an und die beiden klettern an Land. Es wird eine sehr überschwängliche Begrüßung. Keine zwei Minuten später haben wir die erste Flasche Rosé auf dem Tisch. Es wird geschnattert und gelacht, es werden Geschichten ausgetauscht und es wird auch ein bisschen geheult – es ist, als hätten wir zwei Monate in einem griechischen Schweigekloster verbracht und könnten heute zum ersten Mal die Stille durchbrechen. Wir zeigen den beiden unsere Unterkunft und ziehen dann durch die sehr puppenstubige Innenstadt von Bratislava. Mal erinnert hier alles an Bamberg, mal an Murnau und – wie so oft im Osten, sobald man einen Schritt zu weit vom Zentrum weg macht – manchmal auch ans Gewerbegebiet Bitterfeld. Wir bleiben also lieber im Zentrum. Dort finden wir zahllose Cafés, Weinstuben und Restaurants, asiatisch annektierte Plätze und von Touristen rundgestreichelte Bronzeplastiken, über allem thront die strahlend weiße Pressburg und als Kontrast ragt aus dem Straßengewirr der Innenstadt der Turm der St.-Elisabeth-Kirche. Die Farbe ist tatsächlich speziell: Was soll das sein? Blassblau? Babyblau? Kaugummiblau? Egal wie: Falls hier zufällig ein Schlumpf mitliest, der gerade eine Hochzeit plant: In Bratislava steht die perfekte Kirche dafür!

Nach mehreren Stunden Sightseeing und mehreren Flaschen Rosé kommt die unvermeidliche Frage von Linda: „Mal ehrlich: Vermisst ihr Köln?"

Stefan und ich schauen uns an. „Wir vermissen euch. Reicht das?"

***

„Lustig, solche Karten haben wir auch", denke ich, als ich am nächsten Tag mit Bärbel die Morgenrunde drehe und unweit unseres Wohnmobils ein paar Spielkarten auf dem Boden liegen sehe. „Und so eine zerbrochene Plastikparkscheibe auch! Und ..." Allmählich dämmert es mir: „Fuck!"

Ich gehe einen Schritt schneller und sehe schon aus mehreren Metern Entfernung den gebogenen Draht, der aus der Dichtung unserer Fahrertür-Fensterscheibe herausragt. Diese Arschlöcher! Ich öffne die Schiebetür. Bei einem Einbruch erwartet man ja eigentlich ein heilloses Durcheinander. Zumindest das kann man den Typen, die hier am Werk waren, definitiv nicht vorwerfen: Sie haben nichts durcheinandergemacht, denn sie haben einfach alles mitgenommen. Offensichtlich haben unsere Ikea-Taschen, in denen wir normalerweise unsere Wäsche sammeln und transportieren, dabei wertvolle Dienste geleistet: Tüten auf, Schrankinhalt hinein, schnell abhauen. Das erklärt auch die auf die Straße gefallenen Spielkarten.

Ich wecke Stefan, bringe ihm schonend die schlechte Nachricht bei, wir inspizieren gemeinsam das Auto und gehen durch, was alles fehlt: unsere gesamte Kleidung. Navi, Fahrradtaschen, Campingequipment. Alle Badutensilien einschließlich Deo, Sonnencreme und „Oral B"-Zahnbürste. Ein ganzer Sack Hundefutter. Sogar ein in Apulien gekaufter Strauß getrockneten Oreganos.

„Was wollen die mit unserem Oregano?", fragt Stefan völlig verständnislos.

„Vermutlich dachten sie, es sei Gras. Ich wär ja gerne dabei, wenn die sich heute Abend 'ne Tüte drehen und sich dann wundern, warum die nach Pizza schmeckt."

Stefan schüttelt den Kopf. „Haben sie außer unseren Töpfen und Tellern eigentlich noch irgendwas dagelassen?"

Ich gehe noch mal die Schränke durch und schüttle den Kopf. Alles leer. Zum Schluss öffne ich den Garderobenschrank und stutze: „Nicht euer Ernst, oder?"

Ich beuge mich tief in den Schrank und ziehe meine blaue Allwetterjacke aus einer Ecke. Oh, ihr Ficker! Da räumen diese langfingrigen Campingknacker unser gesamtes Auto aus. Nehmen alles mit, was uns lieb und teuer ist. Packen Sachen im Gesamtwert von rund 3.000 Euro in unsere schönen Ikea-Taschen. Aber ausgerechnet meine Jack-Wolfskin-Jacke, dieses hässlich-blaue Ungetüm, das mir noch nie gefallen hat und das an mir hängt wie ein 60-Liter-Müllsack über einem Zwergpinscher, die Jacke also, von der ich schon seit Jahren hoffe, dass sie endlich kaputt- oder verloren geht, damit ich mir guten Gewissens eine neue kaufen kann, die ein bisschen weniger nach 30er-Jahre-Zeppelin aussieht – genau die Jacke nehmen sie als einziges Kleidungsstück NICHT mit?

Dafür ein herzliches: Erstickt doch an meiner Oral B!

***

Wir rufen die Polizei, die holt die Kripo, die ruft die Spurensicherung. Stefan und ich stehen am Rand und schauen uns den Auflauf leicht ungläubig an. Mehr können wir sowieso nicht tun: Niemand hier spricht Deutsch. Oder Englisch. Und keiner sieht wirklich so aus, als würde er für die Polizei arbeiten: Einer der Ermittler trägt Hausschuhe. Der andere hat noch genau drei Zähne im Mund. Ich bin mir nicht sicher, ob die Jungs nicht vielleicht doch gut getarnte Einbrecher sind, die jetzt noch den Rest unseres Autos leer räumen. Man nimmt uns mit aufs Revier, wo man uns slowakische Formulare unter die Nase hält und wir den Übersetzungen einer sehr bemühten, aber nicht wirklich hilfreichen

Dolmetscherin lauschen: „Sie können jederzeit die Abfindung der Abrufung einer Verfahrensumprogrammierung mit der benötigten Durchsetzung des Einbruchs-Vorfall-Geschehens verifizieren."

Ah. Na klar. Das machen wir.

„Warum hocken wir hier eigentlich?", fragt mich Stefan irgendwann.

Ich zucke die Schulter: „Weiß nicht. Für die Versicherung?"

„Pff, von der sehen wir doch eh keinen Cent."

Da hat er vermutlich recht. Nach sechs Stunden setzen wir deshalb unsere Unterschrift unter alles, was man uns in die Hand drückt, geben sogar noch einen Fingerabdruck und eine Speichelprobe ab (nicht ohne die Übersetzerin vorsichtshalber nochmals darauf hinzuweisen, dass wir nicht die Verbrecher, sondern die Opfer bei der ganzen Geschichte sind) und gehen. Wir haben in Bratislava ja mehr vor, als traurigen Yuccapalmen in slowakischen Amtsstuben beim Verdorren zuzusehen.

Vor der Tür atmen wir beide tief durch.

„Und jetzt?", frage ich Stefan.

„Jetzt machen wir einen Haken hinter den ganzen Mist. Guck mal: Die Sonne scheint, wir leben noch, die wichtigsten Sachen hatten wir sowieso in der Wohnung, ein paar Klamotten auch und wir müssen auch keine Verfahrensumprogrammierungen mehr verifizieren. Genug Trübsal geblasen."

Da isses wieder: Stefans sonniges Gemüt. Und ich liebe ihn dafür. Um meinem Mann die Laune zu verderben, muss schon mehr kommen als ein paar slowakische Elektrozahnbürsten-Diebe.

***

Lilly M. schreibt: „Tut mir sehr leid, das mit dem Einbruch! Wenn ihr euch ein bisschen davon erholen wollt, empfehle ich euch den ,Goldenen Sand' am Stadtrand von Bratislava!"

***

„Goldener Sand", das klingt ja wohl nach Urlaub! Laut Internet verbirgt sich hinter dem hübschen Namen ein Badesee keine zehn Kilometer vom Zentrum Bratislavas entfernt. Wir packen also Annelie und Linda ein und sind schon eine Viertelstunde später am Wasser. Vom „Goldenen Sand" sieht man allerdings nicht viel: Es ist unfassbar voll. Wir finden noch einen allerletzten Platz am Ufer. Zumindest dachten wir, es sei der allerletzte Platz. Die Bratislavaer sehen das völlig anders: Überall, wo ein Handtuch hinpasst, wird in den nächsten Stunden auch noch ein Handtuch ausgebreitet. Zur Not eben gefaltet. Wege zwischen den Handtüchern werden auch überschätzt. Wir sitzen also Ellbogen an Ellbogen mit unseren slowakischen Nachbarn auf unserer Decke und schauen aufs Wasser. Von einem überfüllten Mülleimer wenige Meter daneben weht Abfall in unsere Richtung. Urlaubslaunelevel: eher so mittel.

„Was macht ihr jetzt eigentlich?", fragt irgendwann Linda.

„Wie, was wir jetzt machen?"

„Na, mit eurer Reise? Brecht ihr jetzt ab? Fahrt ihr nach Hause? Ihr habt doch gar nichts mehr im Auto!"

Stefan und ich schauen uns an. Der Gedanke ist uns überhaupt noch nicht gekommen. Wir haben immer noch rund anderthalb Monate Zeit. Klar, der Einbruch war ein Schlag in die Reisekasse. Da wir die Kosten dieser Auszeit aber sowieso massiv überschätzt hatten (man glaubt ja gar nicht, wie wenig Geld man braucht, wenn man mal vier Monate keine Möglichkeit hat, bei Amazon zu bestellen!), können wir das Gestohlene ohne größere Verrenkungen nachkaufen. Und die Laune hat uns dieser kleine Vorfall auch nicht verdorben. Die Antwort meines Mannes überrascht mich deshalb nicht:

„Wir machen natürlich weiter", meint er schulterzuckend. Dann wird er etwas vorsichtiger: „Könnte nur sein, dass das Thema ‚Osten' jetzt erst mal ... beendet ist. Oder, Markus?"

Alle schauen mich an. Ich ziehe gerade eine auf meinen Kopf gewehte Nackensteakverpackung von der Glatze und nicke.

„Ja, das ... das könnte sein."

Dann hole ich meine Jack-Wolfskin-Jacke aus unserem Auto und spanne sie wie ein Windsegel gegen umherfliegende Chipstüten und Plastikbecher am Rand unserer Decke zwischen zwei Äste.

Von wegen zu groß: Das Ding ist genau richtig.

TEIL III

NACH WESTEN

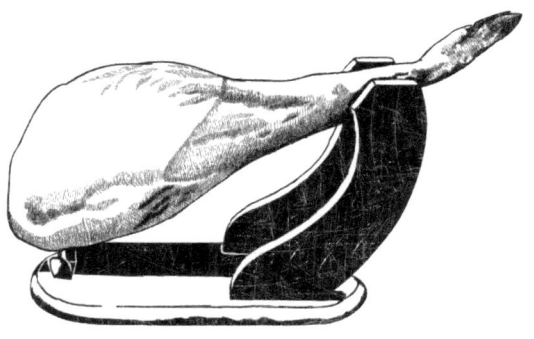

15. SCHLENDERN UNTERM SCHLERN

Südtirol, Lago d'Iseo (Italien)

Ja leck mich doch am Stiefel: Wir sind schon wieder in Italien! Was ist eigentlich aus unserer guten, alten Italophobie geworden? Wenn das so weitergeht, sitze ich auch bald Barologlas schwenkend vor meinem Alterswohnsitz in der Toskana, lese Petrarca-Sonette und lege Salzzitronen vom eigenen Baum ein.

Nach der Stippvisite samt Diebvisite in Bratislava haben wir ein paar ziemlich wilde Schleifen gedreht, über Wien nach Rosenheim, dann an den Attersee und jetzt eben nach Südtirol. Darüber könnte ich jetzt natürlich ausführlich schreiben (andererseits: Was wurde über Wien denn noch nicht geschrieben?), aber all die Zwischenstopps hatten eigentlich nur einen Sinn: alles nachzukaufen, was man uns so geklaut hat. Wobei, das stimmt nicht ganz: Wir haben nicht mal die Hälfte nachgekauft. Denn auch das war eine Lehre aus den letzten zweieinhalb Monaten im Wohnmobil: Man braucht nichts. Na ja: fast nichts. Zumindest viel weniger, als man denkt. Ein paar T-Shirts, eine Hose, zwei, drei saubere Schlüpper – fertig. Ein Leben ohne Elektrozahnbürste ist möglich!

Trotzdem: Einige Dinge mussten wir ersetzen. Wir sind nämlich noch immer in der „Ach stimmt, das haben sie ja auch geklaut"-Phase: Stefan will seine Sonnenbrille aufsetzen – aber es gibt keine Sonnenbrille mehr. Ich will mein Fahrrad aufpumpen – aber es gibt auch keine Pumpe. Und, der bisherige Höhepunkt: Man will eine Portion Nudeln kochen und merkt, dass selbst die abnehmbaren Topfgriffe fehlen. All das suchen wir uns also in unzähligen österreichischen und bayerischen Gewerbegebieten zusammen. Es ist wie Weihnachten, nur halt mit selber bezahlen. Mittlerweile haben wir so viele neue Sachen im Schrank, dass ich mir manchmal vorkomme, als hätten WIR irgendjemanden ausgeraubt.

Jetzt sitzen wir auf einem Wohnmobilstellplatz in Klausen, einem überraschend mondänen, winzigen Örtchen nahe Kastelruth (Home of the Spatzen!), schmeißen den nagelneuen Campinggasgrill an und legen ein paar Fischstücke auf die heiße Platte.

„Weißte, was da gut zu passen würde?", frage ich Stefan. „Eine Prise von unserem ungarischen Paprikagewürz."

Stefan nickt, steht auf und geht zum Küchenschrank. Er öffnet ihn, wirft einen Blick hinein, schließt dann wortlos den Schrank und setzt sich wieder zu mir.

„Auch geklaut?", frage ich.

Stefan nickt.

„Natürlich."

***

Ingo H. schreibt: „Meine Empfehlungen: Dolomiten, Schlern und Völser Weiher! Aber Vorsicht: Die Musik da ist zum Davonlaufen!"

***

Die Dolomiten. Ein Gebirge, das ich nur aus den Erzählungen meines Bamberger Alpenverein-Onkels kannte, weshalb ich bis vor Kurzem fest davon überzeugt war, dass man „Dolomidden" mit drei d schreibt.

Als wir im April im chilenischen „Torres del Paine"-Nationalpark unterwegs waren, habe ich mich noch gewundert, warum mir jeder zweite amerikanische Out-doorfan von den Dolomiten vorschwärmte. Heute verstehe ich das. Es ist eine Gegend wie aus dem Bilderbuch. Berge, die aussehen wie abgewetzte Trollzähne. Geradezu lächerlich grüne Wiesen. Und ein sehr wilder Besuchermix: junge Northface-Werbeträger in Ganzkörper-Kunstfaser. Wandersenioren mit Schuhwerk, das schon bei Rommels Afrikafeldzug gute Dienste geleistet hat. Düsseldorfer Großindustrielle, die Hugo süffeln und ihrem Enkelkind liebevoll das Davidoff-Käppi in die Stirn ziehen. Und dazwischen halt zwei Kölner Outdoorschwuppen.

Wir haben uns einen Wanderparkplatz beim Völser Weiher gesucht, einem leicht bräunlichen Bergsee mit trubeligem Badebetrieb, und schlendern jetzt am Fuße des Schlerns zu einer Almhütte. Während ich dort hinter meiner Jausenplatte sitze, die aus mindestens einem Pfund Räucherspeck, mehreren Kaminwurzen, einem dicken Stück Käse und einem scheinheiligen Radieschen besteht, wird mir schnell klar, warum Menschen immer wieder hierher fahren. Ich würde mich am liebsten selbst sofort in die Lederhose schmeißen, wahllos wildfremde Ziegen melken, das Käsen lernen, mit dem Sepp und der Resi zum Kirchtag im Almstüberl Spinatknödel rollen und für immer hier bleiben. Zum Glück geben dann aber im Biergarten die „Tuffalmer Mega-Buam" ihren „Crazy Mix aus Party, Rock und Volksmusik" zum Besten. Ich würde nicht sagen, dass die Musik zum Davonlaufen ist, aber beim zügigen Abschiednehmen hilft der volkstümliche Mallorca-Stampf auf jeden Fall.

***

Es ist übrigens nicht so, dass wir nur Dinge nachkaufen müssen, die uns geklaut wurden. Manche Dinge machen wir auch ganz bodenständig selbst kaputt. Meinen E-Book-Reader zum Beispiel: kurz vor der Südamerikareise voller Stolz gekauft und seitdem alle paar Tage mit neuen E-Books aus der Kölner Stadtbibliothek beladen. (Man kann Deutschlands Stadtbibliotheken gar nicht genug loben für all die Möglichkeiten, die einem dort mittlerweile eröffnet werden! Ernsthaft! Ich weiß, „Bibliotheksausweis" klingt uncool, aber das klang „Filterkaffee" auch, bevor Berliner Hipster doppelt geröstete Guatemalabohnen mit belebtem Vollmondwasser überbrühten und den Sud in mundgeblasene Einweckgläser tröpfeln ließen. Ich wette: Der Bibliotheksausweis ist der Filterkaffee des nächsten Jahrzehnts!) Dann jeden Abend am Kopfende des Betts deponiert, jetzt beim Anheben des Lattenrosts in eine Ritze eingezwängt und beim Absenken nach einem unüberhörbaren „Krrrscht" mit einem Muster auf dem Display versehen, als wäre Tinte drübergelaufen. Das Ding ist unwiederbringlich im Eimer. Wir machen deshalb einen kurzen Stopp in Meran, Südtirols Kur- und Thermenmetropole, die leider so behäbig, altehrwürdig und mehlig daherkommt, dass einem schon beim Stadtbummel die Füße einschlafen. Meran, das ist ein bisschen wie Héviz ohne Poolnudeln. Immerhin: Ich finde einen Elektrohandel und einen neuen Reader. Für das Geld der mittlerweile zwei Reader hätte ich natürlich auch viele Bücher kaufen können, aber die muss man dann halt auch mit sich rumschleppen.

Außerdem: So ein Reader, der hält ja eigentlich ewig ... (Spoileralarm: Nicht bei mir. Den neuen Reader werde ich in knapp sechs Wochen in Frankreich ebenfalls schrotten, weil ich ihn wieder am Kopfende des Bettes deponiere und, na ja, man ahnt es: Lattenrost, kleiner Spalt, Krrrscht. Es stimmt einfach nicht, dass man Fehler immer nur einmal macht. Im besten Fall wird nur die Zeit zwischen den Wiederholungen länger.)

***

Leonie F. schreibt: „Wenn ihr, wie ich, nicht so auf den Gardasee steht, probiert's doch mal mit dem Lago d'Iseo. Da konnte man sogar mal übers Wasser laufen!"

***

„Christo hat den See verpackt."

„Bitte was?"

„Die Sache mit dem Übers-Wasser-Laufen. Das war Christo", erklärt Stefan und schaut von seinem Smartphone auf. „2016 haben er und Jeanne-Claude leuchtend orangene Schwimmstege zwischen dem Seeufer und den beiden Inseln installiert. Zwei Wochen konnte man da übers Wasser laufen. Floating Piers hieß das Ganze. Schau …"

Er hält mir sein Smartphone hin, aber ich kann unmöglich draufschauen: Ich lenke unser Wohnmobil gerade über eine enge Zugangsstraße nach Sulzano, einem kleinen Ort am Ostufer des Iseosees. In steilen Serpentinen geht es nach unten. Ich tuckere mit maximal 30 km/h und sehr viel Motorbremsung abwärts. Gestresste Italiener ziehen mit 70 km/h und sehr viel Gaspedal an mir vorbei. Das macht mich schon gar nicht mehr nervös: Ich habe schließlich mittlerweile auch die Ungarn überlebt. Es sind eher so die äußeren Umstände, die mich anstrengen: Die Luft draußen flirrt. Unsere Klimaanlage hat schon vor einer halben Stunde wegen Überhitzung den Dienst quittiert. Schweiß läuft mir über die Stirn, den Nacken, die Brust. Zwischen meinem Hintern und dem Sitz bildet sich ein dünner Feuchtigkeitsfilm.

„Sollte hier nicht ein Wohnmobilstellplatz sein?", frage ich.

„Laut Google Maps sind wir schon dran vorbei", antwortet Stefan.

„Scheiße." Ich fahre in eine noch engere Stichstraße und wende das Auto. Dann tuckern wir wieder nach oben. Hup, hup, ein Italiener von vorn. Hup, hup, ein Italiener von hinten. Na gut, jetzt reißt mir dann doch der Ungarn-erprobte Geduldsfaden: Dem Nächsten, der hupt, spring ich mit nacktem Schwitzehintern ins Gesicht! Plötzlich sagt Stefan: „Ich glaube, hier geht's rein!"

Ich setze den Blinker und biege nach rechts ab, auf den mit Abstand engsten Wohnmobilstellplatz unserer bisherigen Reise: Eigentlich ist es eher der nicht besonders große Garten eines nicht besonders großen Hauses am Steilhang. Die Campingfahrzeuge stehen Seit an Seit, mit einem beachtlichen Neigungswinkel Richtung See, eingezwängt zwischen Hauswand und Gartenzaun, nicht mal ein Campingstuhl passt zwischen die Autos. In stolzen vierzehn Zügen rangiere ich das Auto in die letzte freie Lücke und stelle den Motor ab. Dann öffne ich das Fenster.

Durchatmen.

„Alles okay?", fragt Stefan.

„Klar. Warum?"

„Weil du jetzt schon vier Minuten so dasitzt, ohne dich zu bewegen."

„Ah. Sorry. Die Fahrt war … anstrengend."

Mein Mann runzelt die Stirn. „Brauchst du irgendwas?"

Ich atme nochmals tief durch. Dann nicke ich: „Was zu essen und 'n kühles Bier."

Stefan nickt: „Besorg ich dir."

„… und 'ne trockene Unterhose", ergänze ich.

Er nickt mir aufmunternd zu: „Das schaffste allein."

***

Eigentlich will ich gar keine Werbung für den Iseosee machen. Klar, das Wasser hat eine Farbe, die man sonst nur aus der Karibik kennt. Die Berge außen rum strahlen eine geradezu buddhistische Souveränität aus. Und die Überfahrt vom Festland auf die Insel Monte Isola ist so kitschig-italienisch, dass man fast selbst die weiß-roten Ringelsocken anziehen und ein „O Sole Mio!" schmettern möchte. Aber der größte Pluspunkt des Sees ist eben einer, der jede Werbung verbietet: dass ihn kaum jemand kennt. Während man sich am Gardasee mit halb München um einen Quadratzentimeter Strand streiten darf und einem abends gelangweilte Kellner überteuerten Fusel auf die Hose schütten, findet man am Lago d'Iseo zu jeder Jahreszeit noch ein ruhiges Plätzchen am Strand und wird von den Einheimischen mit einer entspannt-freundlichen Grundhaltung begrüßt, bekocht und bedient. Hier ist alles ein bisschen unperfekter und weniger abgenudelt als beim großen Seenbruder im Osten – und gerade deshalb so viel sympathischer. So landen wir zum Beispiel abends, als wir von der Insel zurückkommen und etwas verzweifelt nach einer Essensgelegenheit suchen, in einem ziemlich abgeranzten Imbiss an der Hauptstraße von Sulzano. Die Tischdeko besteht aus Papierservietten und einem Rotweinfleck. Geschirr gibt's keines, dafür Plastiktabletts und Pappteller. Grelle Neonröhren beleuchten das Lokal, während auf einem Fernseher an der Wand eine italienische Gameshowmoderatorin ihren Kandidaten unverständliche Fragen entgegenplärrt. Alles eher so mittel, könnte man meinen. Aber ausgerechnet hier bekommen wir wenige Minuten später eine der besten Pizzen unseres Lebens serviert. Das Ganze zu einem Preis, für den man am Gardasee vielleicht ein halbes Vorspeisen-Grissini bekäme.

Kurz: Der Lago d'Iseo ist der perfekte See mit den perfekten Menschen außen rum. Und ich bereue schon jetzt, das hier ausgeplaudert zu haben.

***

Mit vollem Pizzabauch und müdem Strandtagkopf laufen wir zurück zu unserem Auto. Am Rande des Stellplatzes haben ein paar Campingbusbesitzer eine Art Wagenburg gebildet, in der Mitte einen Tisch aufgestellt und sitzen nun bei Kerzenschein und Rotwein fröhlich schnatternd zusammen. Einer von ihnen, Juan, ein Chilene mit nacktem Oberkörper und langem, schwarzen Haar, winkt uns zu:

„Come over here! Have some wine with us!"

Eigentlich sind wir beide viel zu müde für eine fröhliche Plauderrunde, aber da wir uns in Osteuropa fast täglich darüber beschwert hatten, dass man nie mit Leuten ins Gespräch kommt, können wir jetzt unmöglich Nein sagen. Wir holen also unsere Campingstühle und sitzen wenige Minuten später mit einem chilenischen, einem deutschen und einem rumänisch-französischen Pärchen zusammen um einen wackeligen Tisch und trinken Rotwein aus Plastiktassen.

Eigentlich ist es genau das, was wir uns immer gewünscht haben. Eigentlich. Denn während sich Stefan sofort in ein fröhliches Gespräch mit der Rumänin vertieft, wendet sich Juan mit einem provokativen Lächeln an mich:

„Wir hatten hier gerade 'ne spannende Diskussion", sagt er und deutet auf Mirko und Heidrun, das deutsche Pärchen aus Freiburg. „Zähl doch mal die Kontinente auf."

„Ähm ... ich? Warum?"

„Mach einfach mal", sagt er und grinst lauernd.

„Okay. Äh … Europa, Asien, Australien, Afrika, Nordamerika und Südamerika."

„Ha, wusste ich's doch!", ruft er und haut auf den Tisch, der sofort noch ein bisschen mehr wackelt. „Das ist so typisch für euch Europäer."

Heiliger Diercke Weltatlas, wo bin ich denn da reingeraten?

„Wo ist in deiner Aufzählung denn bitte Ozeanien?"

Jetzt muss man wissen, dass Geografie noch nie meine Stärke war. Europa und sogar Deutschland habe ich erst durch unser Wohnmobil so richtig entdeckt, außereuropäische Länder kenne ich eigentlich nur, wenn wir dort schon mal Urlaub gemacht haben. Während ich also schuldbewusst in mich hineinhorche und mich frage, was und wo genau zur Hölle eigentlich Ozeanien ist, macht Juan schon weiter:

„Und wenn Nord- und Südamerika zwei Kontinente sind – wo ist dann Mittelamerika?"

„Äh … na ja, das hätte ich eher so zu Südamerika …"

„Der Kontinent heißt Amerika!", unterbricht er mich und haut schon wieder auf den Tisch. Wenn dieser Hippie-Pinochet meinen Rotwein verschüttet, werde ich aber ungemütlich! Ich merke, dass mir meine sowieso schon unterentwickelte Diskussionslust immer mehr abhanden kommt. Mit Tischhauern lässt sich erfahrungsgemäß ganz schlecht reden. Ich schaue hilfesuchend zu Mirko und Heidrun, die aber offensichtlich viel zu froh sind, dass sie aus den Klauen der chilenischen Inquisition entkommen sind, und jetzt sehr beschäftigt an ihrem Rotwein nippen.

„Okay, mein Fehler", versuche ich Juan zu beschwichtigen. „Amerika ist für uns eben oft gleichbedeutend mit den USA."

Ich hatte den Satz kaum zu Ende gesagt, da wusste ich schon, dass das ein Fehler war. Juan wirft den Kopf in den Nacken und gibt eine wilde Abfolge verächtlicher spanisch-englischer Protestlaute von sich: „Tsa! Ts! Taha! Genau das ist das Problem! Ihr seid viel zu sehr auf die USA fixiert! Amerika ist doch mehr als die USA! Die US-Amerikaner sind nichts anderes als Invasoren!" „Krasses Urteil", denke ich, aber das ist nur der Anfang. Es folgt eine rund halbstündige Generalabrechnung mit der imperialistischen Politik der Vereinigten Staaten, die dann langsam in eine Erklärung der Weltordnung an sich unter besonderer Berücksichtigung des Kapitalismus, des Staates Israel und einiger wohlbekannter, im Internet kursierender Verschwörungstheorien abdriftet. Kurz: genau das, was man sich nach einem 39-Grad-Tag, einer viel zu großen Pizza und mehreren Plastiktassen voll Rotwein so wünscht.

Ich unterbreche Juan deshalb kurz mit einer ebenso ungelenken wie ehrlichen Begründung: „Sorry, I ... completely lost interest!", und wende mich hilfesuchend an Stefan, der sich noch immer angeregt mit der Rumänin unterhält:

„Sag mal, bist du nicht auch ein bisschen müde?"

„Sekunde noch, Schatz. Wir haben hier gerade 'ne spannende Diskussion", antwortet Stefan.

Oh Gott, denke ich, mein Bedarf an „spannenden Diskussionen" ist für die nächsten Monate gedeckt. Doch mein Mann fährt schon fort: „Wo beginnt denn für dich Osteuropa?"

Stefan lächelt mich interessiert an, die Rumänin dagegen verschränkt schon trotzig die Arme und fixiert mich streng.

Cool. Ich befinde mich offensichtlich in einer Art Erdkunde-Quizduell, bei dem sich alle im Voraus drauf geeinigt haben, dass ich verlieren werde. Ich will gerade antworten, da kommt die rund achtzigjährige Besitzerin des Stellplatzes an unseren Tisch, deutet entnervt auf ihre Uhr und fleht: „Piano, piano!" In ausufernden Sätzen versucht sie uns deutlich zu machen, dass es jetzt doch wirklich Schlafenszeit wäre, und ich habe noch nie so gut italienisch verstanden wie jetzt.

„Mensch, schade", sage ich zu der Rumänin. „Aber wir können ja morgen weiterdiskutieren."

Am nächsten Tag brechen wir sehr früh auf.

***

„Und jetzt?", fragt mich Stefan, während wir schon auf der Autobahn Richtung Südwesten fahren.

„Tja … Frankreich, oder?", antworte ich.

Stefan lächelt: „Dann schreibe ich deinen Eltern und Geschwistern mal, dass sie jetzt die Wetteinsätze verteilen können."

Es ist so eine Art Running Gag in meiner Familie: Jedes Jahr erzählen mein Mann und ich, dass wir dieses Mal im Urlaub auf jeden Fall nach Skandinavien, eventuell auch Irland, wenn nicht sogar Island fahren, aber dann schauen wir auf die Wetterkarte und lesen einen Artikel über provencalische Weingüter oder Wandergebiete im Zentralmassiv und am Ende bekommen doch alle wieder Postkarten aus Montpellier, Saint-Jean-de-Luz oder Les Saintes-Maries-de-la-Mer. Bevor wir nach Südamerika geflogen sind, zu Beginn unserer Auszeit also, haben meine Geschwister deshalb erstmals sogar Wetten abgeschlossen, wie lange es wohl dauern wird, bis wir wieder in Frankreich landen.

Ich denke kurz nach und sage dann: „Vier Monate und sechs Tage."

„Bitte was?", fragt Stefan.

„Schreib ihnen, es hat genau vier Monate und sechs Tage gedauert", sage ich. „Und schreib ihnen bitte auch: ‚Je ne regrette rien!'"

16. BAGUETTE, BORDEAUX UND SCHWEINEBEINE

Salon de Provence, León (Frankreich, Spanien)

Alexander P. schreibt: „Hm, Frankreich … da bin ich trau-matisiert: Mit Anfang 20 in Paris, brütend heiß, in der Seine schwammen tote Hunde. Ständig gingen Alarmanlagen los, weil Franzosen beim Ausparken traditionell andere Autos zur Seite schieben. Nachts um zwei bekamen wir Lust auf Cham-pagner. Ich ging an die Rezeption unseres Hotels, niemand zu sehen, auch keine Glocke. Deshalb beuge ich mich über den Tresen und sehe den Nachtportier, der auf dem Fußboden sitzt und auf die ‚Penthouse' masturbiert. Ist das dieses berühmte Laisser-faire?"

***

Nein, nein, Laisser-faire wäre gewesen, wenn er sich AUF den Tresen gesetzt hätte.

Es ist mal Zeit für eine völlig undifferenzierte Frank-reich-Lobhudelei: Ich weiß, Frankreich und die Franzo-sen haben bei vielen Deutschen ein Image, das höchstens noch von vegetarischen Grillwürsten unterboten wird – ich habe aber noch nie verstanden, warum. Vielleicht habe ich deshalb so viel Sympathie für Frankreich, weil das Land sich ein Schicksal mit meinem zweiten berufli-chen Standbein, der Stand-up-Comedy, teilt: Wer's doof findet, hat meistens noch nicht viel davon gesehen. Des-wegen jetzt, Achtung, Italiener, Engländer, Deutsche, alle: Holt schon mal die Beruhigungstropfen, das wird hart. Ich halte Frankreich für das landschaftlich abwechslungsreichste Land Europas, Franzosen haben den besten Wein und das beste Essen (na gut, Italiener, beruhigt euch: Es gibt zwei erste Plätze!), sie sind die höflichsten (und übrigens auch hundefreundlichsten) Menschen, die ich kenne – wenn sie jetzt noch gute Filme machen würden, würde ich mich glatt einbürgern lassen. (Weil die Frage sowieso kommen wird: Ja, ich habe „Ziemlich beste Freunde" gesehen. Und nein, ich möchte den Satz da oben trotzdem nicht revidieren.)

Ich mag auch die Lebenseinstellung der Franzosen, diese immer wieder aufblitzende, grundgesunde Scheißegaligkeit. Autos? Überbewertet. Geld für Wohnungseinrichtung? Kann man besser für Essen ausgeben. Und prinzipiell gilt: Jedes Schild, jedes Verbot, jede in Deutschland unumstößliche Regel ist hier eher so eine Art „Verhaltensempfehlung".

„Ja aber die Sprache! Die sprechen doch alle nur Französisch!", höre ich die Ersten da rufen.

Nöööööt, Klischeebuzzer-Alarm! Das mag mal gestimmt haben – vor ungefähr 20 Jahren. Als ich mit 15 zum ersten Mal nach Frankreich ging, war die Einstellung der Franzosen tatsächlich: „Entweder du sprichst unsere Sprache, oder du verhungerst halt! Quel dommage!"

Seitdem ist viel passiert. Also wirklich: SEHR viel. Ich spreche ganz gut Französisch und werde trotzdem ständig auf Englisch begrüßt. Na gut: was Franzosen halt „Englisch" nennen. (Falls man mal mit Franzosen über Humor sprechen will, sollte man nicht so begriffsstutzig sein wie ich: „Mon Tipitonne" bedeutet „Monty Python"!)

Den Vogel abgeschossen hat jetzt der Besitzer eines südfranzösischen Campingplatzes nahe Salon-de-Provence. Als wir nach einer zweitägigen Berg-und-Tal-

Fahrt über die Cottischen Alpen zwischen Italien und Frankreich (noch mal großen Respekt an all die Rennradfahrer, die wir unterwegs überholt haben. Und ein herzliches: Ihr habt sie nicht mehr alle!) und einem Zwischenstopp am Lac de Serre-Ponçon spätabends auf seinen Stellplatz rollen, macht er sich gerade die erste Flasche Rotwein auf und wirft den Grill an. Er begrüßt uns erst auf Französisch, dann auf Englisch, Niederländisch und schließlich Deutsch. Wenn sein Hund mir noch „Alter, was geht?" entgegenrufen würde, hätte ich kaum blöder schauen können.

Ich frage ihn also, warum er deutsch spreche, und er gibt mir folgende Antwort (Taschentücher bereitlegen!): „Weil ich in der Tourismusindustrie arbeite und weil ich an die europäische Idee glaube. Mein Opa war in Verdun. Mein Onkel ist im Zweiten Weltkrieg gefallen. Und ich möchte eine Brücke zwischen Franzosen und Deutschen sein, damit so eine Scheiße nicht noch mal passiert."

(Ich hab ja gesagt: Taschentücher bereitlegen!)

Dann ergänzt er: „Außerdem ist mir eure Sprache sehr sympathisch: Da ihr das Verb meist ans Ende des Satzes setzt, muss man bis zum Schluss zuhören, um den Satz zu verstehen. Bei uns kommt das Verb immer nach dem Subjekt. Deshalb hört ihr so aufmerksam zu und die Franzosen nicht."

Äh … na ja … sehr schmeichelhaft, aber ich fürchte, da traut er uns ein bisschen viel zu.

***

Sylvia D. schreibt: „Hallo Markus, schön, dass du die Franzosen so magst. Daran merkt man aber … du hast keine französischen Schwiegereltern!"

***

Das ist richtig. Und an dieser Stelle auch mein Beileid, liebe Sylvia. Was wir allerdings haben: französische Freunde. Stefan ist sogar Patenonkel eines südfranzösischen Kindes, Jean, wegen dem wir jetzt auch in Salon-de-Provence gelandet sind. Ich liebe die Familie wirklich sehr. Was ich allerdings nie verstehen werde, ist das unsägliche Gewese, das sie – wie viele Franzosen – ums Essen, um die dazu passenden Getränke und vor allem um die richtige Speisenabfolge machen: Cola trinkt man vorzugsweise gar nicht, wenn, dann Cola light und die ist ein Aperitif und NUR ein Aperitif. (Als ich mal nach einem Glas Cola zum Hauptgang gefragt habe, bekam ich ein relativ unmissverständliches Kopfschütteln und ein „Wir sind doch keine Amerikaner!" zur Antwort. Heute würde ich darauf natürlich ganz souverän antworten: „Ihr meint wohl US-Amerikaner!") Chips isst man nur zum Aperitif und nicht etwa zum Fernsehen. Obst ist eine Nachspeise. Leberpastete ist eine Vorspeise. Käse ist eine Nachspeise. Nichts davon legt man sich einfach so auf ein Stück Baguette, nur weil man Hunger hat. Rohkost ist eine Vorspeise, Blattsalat ebenfalls, beides isst man keinesfalls zeitgleich zum Hauptgang. Und apropos: Ein Hauptgang ohne Fleisch oder Fisch ist eine Vorspeise.

Jemand wie ich, der sich zum Frühstück gerne alles aufs Baguette legt, was der Kühlschrank so hergibt, und zur Not auch in das Chipsschälchen vom Vorabend greift, erntet in dieser Familie Blicke, die man bei uns bekäme, wenn man zu einem gemütlichen Abend mit Freunden zwei Kilo frische Kutteln mitbrächte.

Apropos Gastgeschenke: Noch anstrengender wird es nämlich beim Thema Wein. Anfangs habe ich bei unseren Besuchen gerne mal deutschen Riesling verschenkt.

Das lasse ich mittlerweile, weil ich gemerkt habe, dass Pierre, der Familienvater, schon gar nicht mehr wusste, in welchem finsteren Kellerloch er unsere Mitbringsel noch verstecken könnte. Beim Thema Getränke hat man hier eine ganz einfache Einstellung: „Wein" wird nur in Frankreich produziert. Alles andere ist „Zeug in dunklen Flaschen".

Diesmal bringen wir deshalb einen sehr teuren französischen Rotwein mit, den wir unterwegs in einer Weinhandlung erstanden haben. Wir hätten es einfach lassen sollen. Wir Deutschen können nämlich, wenn es nach den Franzosen geht, nicht nur keinen Wein anbauen, wir können ihn noch nicht mal aussuchen.

Vor dem Essen hält Marie, die Mutter, unser Gastgeschenk hoch und fragt mit einem bemüht fröhlichen Gesichtsausdruck ihren Mann: „Wann sollen wir eigentlich den Wein trinken, den Markus und Stefan mitgebracht haben?"

Pierres Miene verfinstert sich sofort: „Oh … äh … ich weiß nicht … Passt der denn zu … Ich hatte eigentlich schon zu jedem Gang eine Flasche ausgesucht!"

„Also, wegen uns müsst ihr den Wein gar nicht heute aufmachen", versucht Stefan die Situation zu entschärfen.

„Dooooooch, natürlich!", wehrt Marie ab und tut so, als wäre das eine völlig absurde Idee und als würde sie nichts lieber tun, als genau diesen Wein genau jetzt zu trinken. Eine schauspielerische Anstrengung, für die sie eher keinen Oscar gewinnen wird. Noch nicht mal eine Goldene Palme.

„Ich weiß nur noch nicht, zu welchem Gang!"

„Vielleicht zu der Leberpastete?", schlägt Pierre vor.

Marie hält die Flasche gegen das Licht: „Dafür kommt er mir aber ein bisschen dunkel vor. Wäre der nicht eher etwas zum Käse?"

Pierre reißt die Augen auf: „Ein Bordeaux? Um Himmels willen! Der ist nur was für Fleisch. Ganz dunkles Fleisch, am besten!"

Marie lässt die Flasche wieder sinken: „So was habe ich gar nicht eingekauft. Ich könnte natürlich noch mal zum Metzger gehen und ein bisschen Rindfleisch kaufen. Wenn wir das dann als Bœuf bourguignon …"

Ich kann nicht mehr: „Leute!", stöhne ich. „Macht jetzt bitte den verdammten Wein auf und trinkt ihn einfach, sonst esse ich erst die Mousse au Chocolat, dann ein Stückchen Käse, lege mir anschließend eine Scheibe Leberpastete auf die Wassermelone und spüle das Ganze mit 'nem ordentlichen Schluck Cola runter! Cola MIT Zucker!"

Beide schauen mich mit großen Augen an. Marie hält Jean die Ohren zu. Gerade als ich denke: „Okay, das war vielleicht ein bisschen zu direkt", hellt sich Pierres Gesicht auf. Er legt mir die Hand auf die Schulter und bricht in schallendes Gelächter aus: „Pardon, Markus! Du hast recht. Bei dem Thema sind wir schrecklich." Auch Marie und Stefan lachen mit und ich atme erleichtert auf.

Dann packt Pierre unser Gastgeschenk in ein finsteres Kellerloch, öffnet seine eigene Flasche und schenkt uns großzügig ein.

Ich gebe es auf.

***

Am nächsten Tag geben uns Pierre und Marie die volle Ladung Südfrankreich: Wir fahren nach Les Baux-de-Provence, laut jährlich stattfindendem Wettbewerb eines der schönsten Dörfer Frankreichs, klettern mit unseren Flipflops auf den Burghügel, streifen durch enge Gassen zwischen hellen Sandsteinhäusern und essen Lachstatar auf der luftigen Aussichtsterrasse eines über und über mit Clematisranken bewachsenen Restaurants. Auf dem Rückweg passieren wir Saint-Rémy-de-Provence, wo jeder, der sich in Frankreich zur Prominenz zählt, mindestens ein Ferienhaus besitzt. Marie erzählt mir mit glänzenden Augen, dass selbst Jean Malquiche hier schon gesichtet wurde.

„Jean wer?"

„Jean Malquiche! Der amerikanische Schauspieler!"

Ah: John Malkovich. Man hätte drauf kommen können.

Wenig später parken wir das Auto am Rande des Massif des Alpilles und laufen zu einem versteckten Waldsee. 50 Meter davor sehen wir ein riesiges „Baignade interdite! – No swimming!"-Schild.

Ich zucke die Schulter: „Na ja, ich bin Deutscher. Ich kann sagen, ich habe das nicht verstanden."

Pierre zuckt ebenfalls die Schulter: „Und ich bin Franzose. Ich mache aus Prinzip das Gegenteil."

Wie gesagt: Alles nur „Verhaltensempfehlungen".

Abends bringen uns die drei zurück zum Campingplatz. Der Patron hat gerade alle Kinder auf die Ladefläche seines Pick-up-Trucks geladen und kutschiert sie über die Anlage. Immer, wenn er an einem Campingbus vorbeikommt, schreit er laut die Nationalität der Besitzer und alle Kinder jubeln:

„Hier drüben stehen die Holländer!"

„Bonsooooir!!"

„Und da sind die Engländer!"

„Bonsooooiiiiir!!"

„Und hier die Italiener! Schreit mal Ciao!"

„Ciaaaaoooo!"

Wir setzen uns vor den Bus und machen eine Flasche Wein auf. Pierre verkneift sich einen Blick aufs Etikett. Über unseren Köpfen zirpen die Zikaden. Harzige Piniennadeln hängen sich zwischen meine Zehen. Jean klettert auf Stefans Schoß und schläft sofort ein. Zwei Katzen streifen um seine Beine.

Ernsthaft, Menschheit: Wer Frankreich nicht liebt, hat das Leben an sich nicht verstanden.

***

Andreas R. schreibt: „Na gut, Frankreich ist schon okay. Aber ich bin verliebt in Nordspanien! San Sebastián, Saragossa, alles toll da! Und wenn du unterwegs Hunger bekommst, hol dir einfach 'nen Serrano-Schinken an der Tanke!"

***

„Wo zur Hölle wird eigentlich das ganze spanische Gemüse angebaut, das man bei uns so kauft?"

„Keine Ahnung", meint Stefan. „Hier jedenfalls nicht."

Seit Stunden fahren wir nun schon durch Nordspanien. Von Frankreich ging es über die Pyrenäen, an Girona und Barcelona vorbei Richtung Saragossa, einem Ort, den ich bisher nur von der gleichnamigen 80er-Jahre-Party-Band kannte. (Wir erinnern uns: „Agadou, dou, dou, push the pineapple, shake the tree, agadou dou, dou, push the pineapple, grind coffee" – das nur für alle, die immer behaupten, Musik wäre früher so viel tiefgründiger gewesen.) Stefan sitzt am Steuer, ich schaue aus dem Fenster – und bin fürchterlich angeödet. Vegetation gibt es nämlich nahezu keine. Hier wächst nur, was künstlich bewässert wird – und das ist nicht viel. Ein paar Büsche, Gräser, Sträucher – Ende. Und sonst? Endloser Asphalt, links und rechts braune und ockerfarbene Hügel, ab und zu ein Osborne-Stier. Diese ehemaligen Werbeskulpturen der gleichnamigen Spirituosenfirma, die eigentlich mal entworfen wurden, um den Brandy „Veterano" zu bewerben, thronen immer noch auf zahllosen Hügeln in Spanien, haben aber keinen Werbeschriftzug mehr und dienen mittlerweile eher als nationales Wahrzeichen. Das zumindest verrät mir Wikipedia, weil ich vor lauter Langeweile angefangen habe, alles, ja wirklich alles unterwegs nachzuschlagen. Irgendwann wechsle ich vom Internetbrowser zu meinen Sprachen-Apps. Vor unserer Südamerika-Reise habe ich nämlich angefangen, auf meinem Smartphone Spanisch zu lernen. Erst mit Duolingo, einer kostenlosen App, die sehr hilfreich ist, wenn man unbedingt Sätze wie „Die Schildkröte hat ihre Schlüssel verloren" auf Spanisch kennen möchte. Sonst eher nicht. Nach einer Weile bin ich dann zu einer Bezahl-App gewechselt und kann inzwischen immerhin ein paar elementare Urlaubssätze. Also: „Haben Sie einen Tisch für zwei?", „Die Speisekarte, bitte" und natürlich „Deine Schildkröte interessiert mich einen Scheiß, bring mir was zu essen!"

Probleme gibt es trotzdem. Man hört ja immer wieder diese Klischees: „Spanisch lernen, das lohnt sich sowieso nicht! In Barcelona sprechen sie was ganz anderes, im Rest von Spanien sprechen sie so schnell, dass du eh kein Wort verstehst, das Spanisch in Südamerika hat auch nix mit dem Schulspanisch zu tun und bla, bla, bla, jammer, mecker, heul ..." Na jedenfalls: DIE STIMMEN ALLE!!

Ich schaue wieder aus dem Fenster. Immer noch dieselbe unspannende Kulisse. Man vergisst ja gerne, was Spanien für ein riesiges Land ist. Und wie dünn es besiedelt ist. Das meiste Leben spielt sich an den Küsten und Gebirgsrändern ab. Dazwischen: tote Hose. Es ist ein bisschen wie Australien mit Madrid als eng bebautem Ayers Rock.

Weil auch Stefan irgendwann ein bisschen Abwechslung braucht, machen wir halt an einer Tankstelle. Wir betreten gemeinsam den Verkaufsraum – und tatsächlich, da hängen sie: in all ihrer rotfleischigen Schönheit. Zwischen Scheibenklar und Chipstüten: drei rund acht Kilogramm schwere Serrano-Schinken, luftgetrocknet und mit einer einer grün-gelblichen Fettschicht bedeckt, am Ende ein Schweinefuß, der sich Richtung Decke streckt. Die Dinger haben hier sogar einen eigens konstruierten Tankstellen-Schweinebein-Ständer!

Ich bin beeindruckt: „Kommen die Spanier wirklich hier rein und sagen: ‚Guten Tag, Säule acht, eine Cola light und einen 8-Kilo-Schinken to go?'"

„Anscheinend", sagt Stefan.

„Aber … wie transportiert man den denn?"

„Vermutlich mit den Taschen da unten."

Stefan deutet auf den Boden. Tatsächlich: Unter den riesigen Fleischbatzen liegen ein paar ebenso riesige Kunststofftaschen in passender Form. Ich hebe eine auf und bekomme leuchtende Augen: „Unfassbar: eine Schinken-Clutch!"

Meine Begeisterung für Spanien hat sich soeben um 300 Prozent gesteigert.

***

Tine W. schreibt: „Warum gehst du denn nicht auch mal ein Stück des Jakobswegs? In León zum Beispiel kommst du eigentlich gar nicht drum rum!"

***

Wir schieben uns durch die engen Gassen von León mit den winzigen Weinlokalen, aus deren Fenstern mangels Platz im Innenraum den Gästen Gläser und Schinkenbrote auf die Straße gereicht werden. Die vom römischen Kaiser Galba gegründete Stadt ist berühmt für ihre hellgelb leuchtende Kathedrale, die Karfreitagsprozession, das gemeinschaftliche Speckessen am Ostersonntag – und für die schier unüberschaubare Menge an Jakobspilgern, die hier jedes Jahr Station machen.

Die brachten schon im Mittelalter viel Geld nach León. Heute bringen sie vor allem durchgeschwitzte Outdoorklamotten und wund gelaufene Füße, die dann nackt auf Restaurantstühlen rund um die trubelige Plaza Mayor zum Ausdampfen abgelegt werden. Spätestens zur Abendessenszeit sieht der ganze Platz aus wie ein Open-Air-Fußpflege-Studio.

Warum ich selbst nicht den Jakobsweg laufen will? Eigentlich spricht ja alles dafür: Ich bin vierzig, ich wandere gerne, ich habe mir ein halbes Jahr Auszeit genommen – ich erfülle alle Voraussetzungen, um mich dem Ich-bin-dann-mal-weg-Tross anzuschließen. Es gibt nur ein kleines Problem: Ich hab's nicht so mit der Religion. Also wirklich: gar nicht.

Ich weiß: Man muss nicht religiös sein, um nach Santiago de Compostela zu wandern. Andererseits: Wenn man so rein gar nichts mit der katholischen Kirche (oder überhaupt einer Kirche), mit Gott und seinen Stellvertretern anfangen kann und wenn man fest davon überzeugt ist, dass die Welt mit weniger Religion und dafür mehr Menschlichkeit ein besserer Ort wäre – kann man sich dann nicht auch schönere Wanderstrecken aussuchen als ausgerechnet den Jakobsweg? Und vor allem: weniger überlaufene?

Auf unserer Fahrt nach León hatte ich jedenfalls nicht das Gefühl, dass die Strecke nach Santiago die idyllischste Wanderroute der Welt wäre: Unzählige Pilger mit großen Holzstöcken, riesigen Rucksäcken und in der Sonne glitzernden Alu-Isomatten auf dem Rücken arbeiteten sich links und rechts der Autobahn auf engen Wegen voran. Die meisten liefen alleine, viele hatten Smartphones in der Hand und Kopfhörer im Ohr, um den Autobahnlärm zu übertönen. Jetzt sitzen sie, wie gesagt, alle in kleinen Tapasbars, massieren sich die knallroten Füße und drücken sich ein paar Blasen aus.

Hm.

Ich weiß nicht.

Da hatte ich beim Almwandern in den Dolomiten schon erhebendere Momente.

***

Am nächsten Morgen sitzen wir auf unserem Campingplatz östlich von León im Schatten der Pinien, trinken Kaffee – und frieren. Es ist Mitte August und überraschend kalt. Ich weiß gar nicht, wann ich das letzte Mal so geschlottert habe. Vermutlich im „Torres del Paine"-Nationalpark. Ich stehe auf und hole zum ersten Mal auf dieser Reise das Fleeceinlay meiner Outdoorjacke aus dem Schrank (habe ich mich eigentlich schon bei den slowakischen Autoknackern fürs Nichtklauen des Jack-Wolfskin-Ungetüms bedankt? Na jedenfalls: Danke, danke, das war sehr umsichtig von euch!) und mummle mich hinein. Stefan schnappt sich die Fleecedecke, die uns eigentlich zur Kältedämmung der Hecktür dient, und legt sie sich über die Schultern.

Zum ersten Mal auf dieser Reise stellt sich ein echtes Herbstgefühl ein. Und ein bisschen Endzeitstimmung. In den letzten Tagen wurde uns immer öfter bewusst: Das mit dem morgens aufstehen, Flipflops und T-Shirt anziehen, vors Auto setzen und einfach vor uns hinstarren – das geht nicht für immer so weiter. Was uns interessanterweise aber weniger deprimiert als erwartet: Zuletzt haben wir immer öfter darüber gesprochen, die Reise vielleicht sogar ein bisschen abzukürzen. Wir vermissen unsere Freunde. Unsere Familie. Wir vermissen sogar Köln. Irgendwie erschien uns die Option, einen Monat früher nach Hause zu fahren und dann noch vier Wochen in der gewohnten Umgebung zu verbummeln, immer reizvoller. Wir nehmen zeitgleich unser Handy zur Hand und scrollen durch die Timelines unserer Freunde in Deutschland. Und erschrecken ein bisschen: Ich sehe grauen Himmel, verregnete Terrassen und Allwetterjacken, die meinem schwarz-blauen Goretex-Monster in nichts nachstehen.

Stefan schaut mich an. Ich weiß, dass wir dasselbe denken.

„Ich glaube, ich bin doch noch nicht bereit für den Herbst", sagt Stefan.

„Ich auch nicht."

Mein Mann schaut wieder auf sein Handy: „Hier in Nordspanien wird's aber nicht mehr wärmer ... In Portugal – da ist noch Hochsommer!"

Stefan schaut mich an. Ich tippe ebenfalls kurz auf meinem Handy herum und lege es dann weg: „A tartaruga perdeu as chaves!"

„Was war das jetzt?"

„Das heißt ‚Die Schildkröte hat ihre Schlüssel verloren' auf Portugiesisch", sage ich. Dann ziehe ich meine Fleecejacke aus und werfe sie demonstrativ in die hinterste Ecke unseres Autos: „Los geht's!"

17. SYNAPSEN-BURN-OUT

Porto, Nazaré (Portugal)

Mine F. schreibt: „Porto! Porto! Porto!! Ihr müsst nach Porto! Bunte Häuser gucken, irgendwo einen Portwein schlürfen, über die berühmte Brücke schlendern – und sich vor Höhenangst in die Buxe machen!"

***

Wer sich etwas Gutes tun will, sollte jetzt mal dieses Buch weglegen, den Computer anmachen und einen Flug nach Porto buchen. Einfach so, ohne groß drüber nachzudenken. Versprochen: Da macht man nichts verkehrt!

Wir haben unser Auto auf einem Campingplatz zehn Kilometer südwestlich der zweitgrößten Stadt Portugals abgestellt, um sie mit den Rädern zu erkunden. Und schon jetzt weiß ich, dass ich hier zwei Wochen verbringen könnte, ohne mich auch nur eine Sekunde zu langweilen.

Wenn man am Atlantik entlang auf Porto zufährt, bietet sich ein sehr surreales Bild: Die ganze Stadt wirkt, als hätte man einen Haufen Spielzeughäuser an einen Hang geschmissen und dann alles einfach mal so stehen lassen. Wenn unten was wegrutscht, wird halt oben wieder was drangeworfen. Da ein Türmchen, dort ein Giebel, hier ein Kran, uralte Straßenbahnen tuckern auf schwindelerregenden Brücken – es ist, als würde man durch einen Wes-Anderson-Film radeln.

Bevor man in die Innenstadt gelangt, fährt man aber erst noch an den berühmten Portweinkellereien am Ufer des Douro vorbei. Und das passt hervorragend: Ich glaube, die Bewohner Portos wollen uns damit sagen: „Komm, trink erst mal 'nen Schluck, das wird gleich heftig da drüben!"

Und sie haben recht: Wenn man über die Ponte Dom Luís I fährt (die zweistöckig ist und deren luftige obere Ebene nur für Züge und Fußgänger passierbar ist – hier kommt die Höhenangst ins Spiel!), geht's zwar erst mal gemächlich los: Überall Kacheln und Fliesen, ein paar abgerockte Ecken – als Kölner fühlt man sich sofort zu Hause. Dann aber wird's ziemlich schnell deutlich wilder: Man zwängt sich durch enge Gassen und wird von schlecht gelaunten Hunden angekläfft. Im alten Markt von Bolhão drückt und schiebt es von allen Seiten, runzlige Verkäuferinnen halten dir Meeresfrüchte unter die Nase, die aussehen wie die nächsten Gegenspieler von Jack Sparrow. Am Eingang des Marktes sitzt ein Drehorgelspieler, der nebenher mit seiner Tochter Schach spielt, eine bizarr geformte Marionette tanzen lässt und den Nymphensittich auf seiner Schulter füttert. Die ganze Stadt riecht nach gebratenen Sardinen und Vanilletörtchen. Du kletterst ständig irgendwelche Treppen nach oben, nur um dann wieder durch mittelalterliche Straßen nach unten zu steigen. Straßenhunde kläffen dich an, entstellte Bettler hüpfen dir halb auf den Schoß, Jugendliche springen gegen Geld von der Brücke in den Douro. Und zum Mittagessen gibt's Francesinha, eine Art Toast mit Steak, Schinken, Speck, Würstchen, Käse und Spiegelei oben drauf – damit nicht nur dem Kopf, sondern auch dem Magen sämtliche Sicherungen durchbrennen.

***

Ein bisschen sollte man seine Murmeln trotzdem beisammenhalten und sich zum Beispiel die ein oder andere Kirche anschauen. Besonders die fünf Euro für die Igreja de São Francisco sind bestens angelegtes Geld: Es gibt hier keinen Quadratzentimeter, der nicht vergoldet, verschnörkelt, verziert und mit einer Heiligenfigur gekrönt ist. Kurz: Es ist eine dieser Kirchen, die meine Mutter mit einem ehrfurchtsvollen „Wer soll das denn alles abstauben?" verlassen würde.

Auf dem Rückweg machen wir noch mal einen Verdauungsstopp in einer Kellerei. Eine Angestellte erklärt uns den Unterschied zwischen Tawny- und Ruby-Portweinen und dass es zwischen den Fans der beiden Sorten eine Rivalität gebe wie sonst nur zwischen dem BVB und Schalke. Sie schenkt uns großzügig einen 20 Jahre alten Graham's ein, die schwarzrote Flüssigkeit fließt zäh ins Glas und der süße Duft von Rosinen steigt mir in die Nase. Unsere Bedienung bleibt neben den Gläsern stehen und wirkt regelrecht angespannt: „Ich hoffe so, dass ich euch für Team Tawny begeistern kann!", sagt sie und drückt tatsächlich beide Daumen.

Wir kosten. Und müssen nicht lang diskutieren: Sie kann!

***

Wir radeln wieder an den Atlantik. Kurz vor unserem Campingplatz stellen wir die Fahrräder ab und gucken aufs Meer. Bärbel hüpft über den Strand und verheddert sich in Seealgen. Mein Kopf schwirrt. Wir suchen uns einen Platz zwischen den Felsen und breiten eine Decke aus. Vom Atlantik zieht dichter Nebel auf, erst langsam, dann immer schneller. Der Himmel ist bald völlig im Grau verschwunden, am Horizont geht der Nebel unscharf ins Wasser über und wir hören das Warngetute der Frachtschiffe. Es wird kalt. Bärbel kommt zu uns und drückt sich zitternd zwischen Stefan und mich. Plötzlich habe ich aus irgendwelchen Gründen Grönemeyer im Ohr: „Tief im Westen ...“ So sieht's da also wirklich aus.

***

„Krrrrrssscht!“ – Dieses Geräusch werde ich vermutlich in meinem ganzen Leben nie wieder vergessen. Wir sind auf dieser Reise ja schon oft hängen geblieben: in italienischen Wanderregionen, österreichischen Buschenschenken oder slowenischen Nationalparks. Tja. Diesmal war's eben eine portugiesische Bordsteinkante. Und es waren auch nicht wirklich wir, die hängen blieben, sondern unser Abwassertank. Drei Tage haben wir jetzt auf dem Campingplatz bei Porto verbracht, um uns von diesem Fiebertraum von einer Stadt zu erholen. Erst dann konnten wir uns zur Weiterfahrt aufraffen. Nur leider kam es nicht zu mehr als zum „Aufraffen“, denn da war dieses Geräusch. Ich könnte jetzt lang und breit die technischen Details erklären, könnte beschreiben, wo genau sich unser Abwassertank befindet und in welchem Neigungswinkel man sich deshalb maximal über Bordsteinkanten bewegen darf, könnte schildern, wie ich plötzlich in die weit aufgerissenen Augen meines Mannes geschaut habe und wie selbst Bärbel auf ihrem Kissen hochschreckte, aber vielleicht beschränke ich mich lieber auf die Kurzversion:

„Krrrrrssscht – Knall – Shit!“

Jetzt muss man wissen: Ich bin kein Autofreak. Ich bin auch kein Bastler und Schrauber, ich bin mehr so ein Fahrer-und-Hoffer-dass-nix-passiert-Typ. Ich bin da nicht stolz drauf, aber spätestens mit vierzig muss man sich ja mal damit abfinden, was man ist und was man kann und was man eben nicht ist und nicht kann – und handwerkliche Tätigkeiten gehören einfach nicht zu meinen Kernkompetenzen. Ich behaupte heute, dass daran meine Eltern schuld sind, die mir schon im Kindesalter jedes Werkzeug, das ich in die Hand genommen hatte, sofort ängstlich wieder entrissen:

„Aaaah, Markus, leg das lieber weg, nicht dass du dir wehtust!"

„Papa, das ist ein Kinderspaten!"

„Ja, ja: Spaten in den Fuß, Zehen ab, kennt man doch!"

So ging das ständig.

Stefan dagegen kommt zwar aus einer Pfälzer Autoschrauberdynastie und ist bei Weitem nicht so ein Werkzeuglegastheniker wie ich, diesmal ist aber selbst er ratlos.

Wir stehen vor dem Auto und überlegen, was wir tun können. Weiterfahren? Geht nicht: Der Tank schleift auf dem Kies. Zurückfahren auf die Parzelle? Geht auch nicht, denn dazu müssten wir wieder zurück über den Bordstein. Stehen bleiben? Geht auch nicht, denn wir blockieren den Durchgangsverkehr auf dem Campingplatz.

In solchen Momenten sucht man in einer Beziehung ja gerne die Schuld beim anderen, und auch Stefan und mir liegen ein paar gepfefferte Minidramolette à la „Warum hast du mich denn nicht gewarnt?" oder „Ich hab doch gewunken!" auf den Lippen, aber wenn man ehrlich ist, weiß man genau, dass das nichts bringt. Und wir wollen ja nicht in den letzten Wochen unserer Reise zu so einem Assi-Plärr-Pärchen aus Nachmittagstalkshows werden. Auto kaputt ist schlimm genug, Beziehung kaputt hilft selten weiter. Deswegen drücken wir beide einen dicken mentalen Korken auf unseren inneren Vulkan und beschränken uns auf folgende, wie ich

finde, sehr männliche Kommunikation:
„Was … äh … was jetzt?"
„Keine Ahnung."
„ADAC?"
„Hm. Ersma selbst?"
„Jou."
„Na dann."

Wir krabbeln beide unters Auto, sehen die verbogene Halterung, die abgebrochene Schraube und ich mache das, was ich immer mache, wenn ich sehe, dass etwas kaputt ist, ich aber keine Ahnung habe, wie man es repariert: Ich rüttle daran. Wurde eigentlich schon jemals irgendetwas, was kaputt war, besser, weil irgendjemand dran gerüttelt hat? Vermutlich nicht. Mehr fällt mir aber nicht ein. Stefan dagegen versucht mit aller Kraft, den Tank zurück in seine Position zu drücken und die Halterung wieder zurechtzubiegen – es bringt aber nichts. Wir können nichts tun – vor allem nicht mit unserem Werkzeug, das eher auf die grundlegenden Bedürfnisse für Wohnmobilreisende (und minimale Verletzungsgefahr für mich) ausgelegt ist.

„Doch ADAC?", frage ich schließlich.

Da taucht zwischen Bodenblech und Kiesweg ein braun gebrannter Kopf mit salzwassergebleichtem Haar auf: „Braucht ihr vielleicht 'n bisschen Werkzeug?"

Es ist unser Parzellennachbar aus Münster, ein Surfertyp Mitte 20, mit dem wir bisher nur ein „Hallo!" und „Schönen Abend!" ausgetauscht haben.

Stefan schüttelt den Kopf: „Mit normalem Werkzeug kann man da wenig machen."

Der gut gebräunte Münsteraner nickt und verschwindet kurz. Wenige Minuten später klappt neben unserem Auto der größte Werkzeugkoffer auf, den ich in meinem ganzen Leben gesehen habe: Klapp … klapp, klapp … klapp, klapp, klapp – das Ding hat mehr Etagen, Nischen und Geheimfächer als die Zauberschule von Hogwarts. Wir krabbeln unter dem Auto hervor und sehen Basti, so heißt unser Nachbar, der stolz auf seinen Koffer deutet: „Ich bin Kältetechnik-Mechatroniker. Ohne den hier geh ich gar nicht ausm Haus."

Er beugt sich über den Koffer und kramt in den Fächern: „Damit hab ich meinen ganzen Bully umgebaut. Da ist bestimmt auch was für euren Abwassertank dabei. Hier, probier's mal damit!"

Er reicht Stefan einen riesigen Ratschenschlüssel und eine dicke Stahlschraube und mein Mann verschwindet wieder unter dem Auto.

Eine halbe Stunde später hängt unser Abwassertank mit Bastis Stahlschraube, einigen Spanngurten und viel gutem Willen zumindest provisorisch wieder am Bodenblech und ich fahre das Auto, behutsam wie bei einer „Wetten, dass"-Baggerwette, zurück auf unsere Parzelle.

***

Trotz aller Erleichterung ist klar: So können wir nicht weiterfahren. Mit einem provisorisch befestigten Abwassertank sollte man nicht unbedingt über portugiesische Autobahnen brettern. Wir brauchen einen Profi. Ich erkundige mich also an der Rezeption nach einem Mechaniker. Da aber ausgerechnet heute ein Feiertag ist, an dem kein Portugiese freiwillig arbeitet („Mariä Himmelfahrt" müsste hier korrekterweise „Mariä Strandlieg" heißen), müssen wir den Tag wohl oder übel noch absitzen.

Na ja: „absitzen" … Vierundzwanzig zusätzliche Stunden auf einem Campingplatz in Porto zu verbringen, hundert Meter neben der Atlantikküste, an einem Augusttag, bei herrlichem Sonnenschein, mit sehr netten Nachbarn – eine durchaus lösbare Aufgabe. Wir schnappen uns also eine Flasche aus unserem Vorratsschrank und gehen zu Basti und seiner Freundin Melli, einer Sportstudentin, die die Tage hier damit verbringt, absurde Power-Jogging-Runden zu absolvieren, Karotten mit Senf zu mümmeln und zwischendrin uns und die ganze Nachbarschaft mit dem gewinnendsten Lächeln der Welt anzustrahlen.

„Sagt mal", frage ich die beiden. „Seid ihr eigentlich Team Tawny oder Team Ruby?"

***

Pünktlich um neun am nächsten Tag erscheint der Mechaniker, ein schweigsamer Portugiese mit stattlichem Bauch und schüchternem Lächeln, verschwindet sofort unter unserem Auto und taucht kurz darauf mit einem Marianengraben-tiefen Stirnrunzeln wieder auf. Als Deutscher wird man da schnell unruhig. Bei uns zählt ja die gute alte Kfz-Mechaniker-Reparaturkosten-Regel: pro Stirnfalte 100 Euro.

Unser portugiesischer Helfer dagegen holt einfach sein Werkzeug und verschwindet wieder unterm Auto. Ab und zu taucht er mit einem kritischen „I don't like it!" wieder auf, fährt für eine halbe Stunde weg und kommt dann mit neuem Werkzeug zurück. Manchmal hat er auch noch ein paar Kollegen dabei, einer nach dem anderen kriecht unters Bodenblech, kommt wieder hervor, „I don't like it!", taucht wieder ab. Mechaniker runter, Mechaniker hoch, Mechaniker weg, Mechaniker da – es ist, als hätte unter unserem Auto ein Boulevardtheater eröffnet.

Nach rund sechs Stunden dann die Erlösung: Der Kfz-Meister krabbelt ans Licht, strahlt uns an, als wäre er auf eine Tawny-Quelle gestoßen, und sagt nur: „Now I like it!" Er besteht darauf, dass wir uns die Sache mal selbst anschauen. Ich robbe also auch unters Auto und mache meinen bewährten Spezial-Move: Ich rüttle daran! Und tatsächlich: So fest saß unser Tank garantiert noch nie. Jubel! Erleichterung! Opferlamm! Wir krabbeln alle wieder unter dem Auto hervor und unser neuer portugiesischer Freund gibt uns noch tausend Tipps für mögliche Verbesserungen am Auto, entschuldigt sich zwischendrin immer wieder für sein schlechtes Englisch und dafür, dass wir so lange warten mussten, und als ich ihn frage, was ich ihm denn schulde, nennt er einen Betrag, für den ich bei meiner Kölner Stammwerkstatt ziemlich genau 'nen Kaffee und 'nen Kugelschreiber bekäme. Vorausgesetzt, ich hätte drei Wochen vorher einen Termin ausgemacht. Ich verdreifache den Betrag, weil ich mich sonst in Grund und Boden schämen würde, und wir packen zusammen.

Als wir am späten Nachmittag schließlich vom Campingplatz rollen, lasse ich das Ganze noch mal Revue passieren und schüttle ungläubig den Kopf.

„Was denn?", fragt Stefan.

„Also, ich bin wirklich nicht sonderlich heiß darauf", sage ich, „aber falls wir doch noch mal 'ne Autopanne haben sollten, dann bitte unbedingt in Portugal!"

***

Nicola T. schreibt: „Wenn ihr weiter nach Süden fahrt, müsst ihr unbedingt einen Stopp in Coimbra machen! Studentenkneipen, die Bibliothek Joanina, die Jurafakultät mit Museum, dann die Rua Quebra Costas entlanggehen, an der Sé vorbei bis an die Baixa und dort in einer Studentenkneipe Spanferkel bestellen!"

***

„Also, entweder die braten die Spanferkel auf riesigen Feuern rund um die Stadt oder es gibt ein Problem da vorne", sage ich, während wir uns auf der E1 Portugals bekanntester Universitätsstadt nähern. Über den Wäldern rund um Coimbra hängen riesige Rauchschwaden. Je weiter wir fahren, desto bedrohlicher wird die Kulisse. Links und rechts der Straße tauchen die ersten verkohlten Bäume auf. Aus verkokeltem Gebüsch steigt beißender Qualm auf. Autos haben wir schon lange keine mehr gesehen.

Wir schließen die Fenster.

„Schau mal im Internet nach, was da los ist", sagt Stefan.

Ich muss nicht lange suchen: Fast alle Nachrichtenseiten berichten über die verheerendsten Waldbrände seit Jahren in Spanien und Portugal. Ich sehe Bilder von Hubschraubern, die riesige Wassermassen über der Gegend ablassen. Feuerwehrmänner, die sich mit ihren Wasserschläuchen vorsichtig brennenden Wäldern nähern. Familien, die ihre Häuser verlassen müssen. Meine Urlaubsstimmung ist in Sekundenschnelle verflogen.

Fast betroffen lege ich mein Handy weg: „Warum haben wir davon denn nichts mitbekommen?"

Stefan denkt eine Weile nach und zuckt dann die Schulter: „Weil wir uns eine Auszeit genommen haben und genau das der Sinn davon war: einfach mal nichts mitzubekommen."

Er setzt den Blinker und biegt auf die A14 ab – es geht wieder ans Meer.

***

Basti W. schreibt: „Sollen wir uns in Nazaré treffen? Unfassbare Wellen und unser Lieblingsfischrestaurant!"

***

Man muss sich schon ein bisschen anstrengen, um einem Hawaiianer beim Thema Wellen noch etwas Neues zu erzählen. Nazaré hat das geschafft: Vor der Küste des kleinen portugiesischen Fischer- und Pilgerorts findet man im Herbst und Winter die größten Wellen Europas. Der Hawaiianer Garrett McNamara konnte sein Glück deshalb kaum fassen, als er hier im November 2011 ein 23-Meter-Ungetüm erwischte – Weltrekord!

Im Moment ist es vor der Küste aber eher ruhig. Wir sitzen deshalb am Miradouro do Suberco im Stadtteil Sítio, schauen von hoch oben auf den Strand von Nazaré und die einzigen Wellen, die ich sehe, bilden sich in der gigantischen Sahnehaube meines Cappuccinos. Insgesamt scheinen die Portugiesen sich für Südeuropäer erstaunlich wenig um die sogenannte Mittelmeerdiät zu scheren: Die Francesinha in Porto, jetzt das Sahne-Kaffee-Monster vor meiner Nase und wenige Meter weiter verkauft eine junge Bäckerin „Bolas de Berlim" – in Fett ausgebackene Hefekrapfen, die in Zimtzucker gerollt und anschließend mit einer dickflüssigen Vanillecreme gefüllt werden. Ein klassischer Strandsnack eben!

Ich kämpfe mich mit meinem Löffel durch die Sahnewogen zum Kaffee durch und überlege währenddessen, was mich an Portugal eigentlich so fasziniert. Die Leute? Bestimmt. Die Landschaft? Auch. Eigentlich glaube ich aber, es sind die Farben: Türkis-blaues Wasser. Knallbunte Häuser. Blendend gelber Strand. Ockerfarbene Felsen. Der pure Synapsen-Burn-out, egal ob in Porto oder hier.

Spät am Abend treffen wir Basti und Melli wieder. Stefan und ich sind ja eigentlich ganz gerne für uns, bei den beiden gut gelaunten und unkomplizierten Münsteranern sahen wir aber absolut keinen Grund, nicht noch ein wenig Zeit gemeinsam zu verbringen. Die zwei wollen uns nicht weiterfahren lassen, ohne uns ihr Lieblingslokal in Portugal zu zeigen: ein Restaurant, dessen Website mich schon wegen des beschwipst-verschwommenen Titelfotos, auf dem man nur eine Weinflasche, eine Hand und den krakeligen Namensschriftzug des Restaurants sieht, sofort überzeugt hat.

Leider ist der Laden bis auf den letzten Platz gefüllt. Wir wollen schon weiterziehen, da kommt die fröhliche Besitzerin auf uns zu, eine kleine, drahtige 60-Jährige mit tiefrot geschminkten Lippen, einem mutigen Dekolleté und einem Temperament, das für drei italienische Verkehrspolizisten reichen würde: „You want eat? How many? Four? One moment!"

Die zierliche Frau verschwindet in einer Garage neben ihrem Restaurant und kommt kurz darauf im Stechschritt mit einem Campingtisch auf dem Kopf zurück. Sie knallt uns den Tisch vor die Füße, verschwindet noch mal und hat zwei Minuten später auch noch vier Stühle unterm Arm. Zack, Decke auf den Tisch, aus irgendeiner Ecke werden Teller und Besteck gezaubert, nebenbei bedient die Chefin alle anderen Gäste und vergisst dabei auch nicht eine Sekunde zu lächeln.

Ich kann gar nicht in Worte fassen, wie sehr ich die Frau bewundere, und frage sie deshalb nach dem Essen, wie sie es schafft, trotz all der Hektik so gut gelaunt zu bleiben.

„Because I love what I do. That's why."

Sie geht, taucht aber kurz darauf mit einer Flasche undefinierbarem Selbstgebrannten wieder auf, die sie uns auf den Tisch donnert.

„What is that?", frage ich.

„That is my famous ‚Shut up and drink'!"

Sie lacht aus voller Kehle, schenkt uns ein, leert selber ein Glas und verschwindet wieder.

Ich glaube, wir bleiben noch ein bisschen länger in Portugal.

18. DIE WOCHE DER MITTELGUTEN IDEEN

Sintra, Guincho, Lissabon (Portugal)

Tjorben B. schreibt: „Ich bin mir nicht sicher, ob ich euch Sintra empfehlen soll. Einerseits ist es wahnsinnig kitschig und fürchterlich überlaufen. Andererseits muss man es einfach gesehen haben. Falls ihr geht, geht auf jeden Fall vor neun Uhr morgens!"

***

Es ist elf Uhr morgens, als wir in Sintra ankommen, und das war somit schon mal die erste mittelgute Idee. Jetzt sitzen wir in einem explosiv knatternden Tuk Tuk, das uns auf einem schmalen Weg vom Zentrum Sintras zum Palácio Nacional da Pena fährt, und merken recht schnell, dass unser Tippgeber mit „fürchterlich überlaufen" nicht übertrieben hat: Links und rechts der Straße flipfloppen Menschenmassen aus der ganzen Welt in Richtung Palast, Souvenirverkäufer strecken uns Kühlschrankmagneten entgegen, die aussehen, als hätte sie der Montessori-Kindergarten Wanne-Eickel getöpfert, Busse und Taxis quälen sich durch den Kiefern- und Eukalyptuswald hoch zu Sintras Wahrzeichen: dem leuchtend gelb-roten Palast aus dem 19. Jahrhundert, der die Titelseiten zahlreicher Portugal-Reiseführer ziert.

Je länger wir auf Tour sind, umso kritischer werde ich bei Sehenswürdigkeiten, die man „unbedingt gesehen haben muss". Wenn man mal drüber nachdenkt: Was muss man schon unbedingt gesehen haben? Und warum? Wer fragt das ab? Haben wir Angst, etwas zu verpassen? Oder fürchten wir nur, dass uns unsere Freunde bei der nächsten Grillparty fassungslos anstarren, „Ihr wart da und da und habt das und das nicht gesehen?" sagen und sich dann peinlich berührt von uns abwenden? Oder dass wir gar eines Tages an die Himmelspforte klopfen, Petrus uns kritisch mustert, eine Liste der Weltkulturerbestätten herausholt, mit unserem Lebenslauf abgleicht und dann brummt: „Herr Barth, tadelloses Leben so weit, aber Sie haben das Thrakergrab von Kasanlak noch nicht besichtigt. Außerdem: Kann es sein, dass Sie immer noch nicht wissen, wo Ozeanien ist? Ts! Zurück, marsch, marsch!"

Unser gut gelaunter Tuk-Tuk-Fahrer reißt mich aus meinen Gedanken: „It's better to grab her!", brüllt er und deutet auf Bärbel.

„Grab her ... how?", brülle ich zurück.

„Grab her like this!", ruft er und deutet eine sehr innige Umarmung an. Dann dreht er sich wieder nach vorne und ich schaue ratlos meinen Mann an, der genauso ratlos zurückblickt. Dennoch hebe ich Bärbel hoch und drücke sie an mich. Keine Sekunde zu früh: Wir schießen mit Schmackes in eine Haarnadelkurve, Stefan wird an meine Seite gequetscht, ich klammere mich mit einer Hand an die Metallstange neben meinem Sitz, drücke mit der anderen Bärbel noch ein bisschen fester an mich und bin eigentlich nur noch damit beschäftigt, nicht in die Böschung zu rutschen. Unser Fahrer dreht sich lächelnd um: „See? Better to grab her!", lacht er und schießt in die nächste Kurve.

„Indeed", murmle ich, während mich die Fliehkraft zu meinem Mann schiebt.

Die Tuk-Tuk-Fahrt ist aber nur eine geradezu läppische Vorbereitung auf die nervlichen Herausforderungen, die uns am Palast erwarten: Von allen Seiten drücken und schieben sich Touristen an uns vorbei. „Sorry, may I?" hier, „Would you take a picture?" da – wenn man auf einer Theaterbühne „Reges Treiben auf einem zu engen Platz" darstellen sollte, käme ziemlich genau der Innenhof des Palácio Nacional da Pena heraus. Gebaut wurde die Anlage von einem deutschen Architekten, Vorbilder waren angeblich die Burg Rheinstein und das Schloss Babelsberg. Mit seinen bunten Türmchen, Zinnen, Toren und Kuppeln wirkt der Palácio aber eher, als hätte der Architekt von Neuschwanstein ein paar LSD-Pappen verschluckt und sich gedacht: „Ich bau das Ding noch mal, diesmal aber in Portugal und ich nehme 8.000 Eimer Wandfarbe mit!" In den Innenräumen gibt es eine Porzellansammlung und Wandmalereien, die man laut meinem Reiseführer „unbedingt gesehen haben muss", aber, na ja ... was muss man schon?

***

Am späten Nachmittag verlassen wir die Stadt. Wir fahren durch den Parque Natural de Sintra-Cascais zu einem Campingplatz am Praia Grande do Guincho, einem der berühmtesten Strände am westlichen Zipfel Portugals. Unterwegs: Landschaften wie aus einem Meditationsbildband. Grüne Hügel. Eukalyptuswälder. Geschälte Korkeichen stehen nackt und verschämt am Straßenrand. Alles wirkt sanft, ruhig, ausgeglichen. Es ist, als liefe der ganze Kontinent hier langsam wellig in den Atlantik aus.

Stefan und ich schweigen vor uns hin. Irgendwann öffne ich das Fenster, atme den Eukalyptusduft ein und sage den ersten Satz seit Stunden: „Das hier, das muss man unbedingt mal gesehen haben."

***

Thorsten R. schreibt: „Von Guincho aus führt ein schöner Radweg nach Cascais, dem Lieblingsbadeort der Lissabonner. Wenn ihr Glück habt, finden gerade die Festas do mar statt!"

***

Wenn man ein Volk verstehen will, ist es immer hilfreich, seine Musik zu hören: französische Chansons, ungarische Folklore, Italo-Pop – das alles sagt viel über das Gemüt der jeweiligen Nation aus. (Nur den Österreichern tut man vermutlich unrecht, wenn man versucht, aus Andreas-Gabalier-Liedern irgendwas rauszulesen.)

Wir sind also einigermaßen gespannt, als wir durch Cascais bummeln, wo am Abend das jährliche Musikfestival stattfindet: Am Hafen hat die Stadtverwaltung Sitzbänke und eine riesige Bühne aufgebaut, rundherum verkaufen Händler Bier, Wein, scharfes Piri-Piri-Hühnchen und gebratenen Fisch. Schon am frühen Abend sind fast alle Plätze besetzt. Wir holen uns zwei Superbock (das portugiesische Bier mit dem vermutlich bestgelaunten Namen der Welt) und quetschen uns zu einer einheimischen Familie auf eine Sitzbank. Als die Dunkelheit sich über den Hafen senkt, betritt die erste Band die Bühne: eine portugiesische Rap-Combo, die sofort ein ordentliches Feuerwerk abfeiert: Die vier tätowierten Jungs hüpfen zu einer beeindruckenden Lichtshow wie die Flummis über die Bühne, rappen sich die Seele aus dem Leib, Bässe wummern, Backgroundsängerinnen stimmen hüftschwingend ein. Der erste Song ist zu Ende: müder Applaus. Nach Track zwei und drei sieht es nicht besser aus.

„Was ist denn los mit den Leuten?", frage ich Stefan.

„War doch super!"

„Scheinbar nicht ihr Geschmack", erwidert mein Mann.

Ich drehe mich zur anderen Seite und sehe, dass auch unsere portugiesischen Sitznachbarn sehr gelangweilt schauen, der Musik keine Beachtung schenken und stattdessen lieber ein bisschen fettiges Hühnchen unter sich aufteilen. Die Band merkt, dass sie hier heute wohl nicht viel reißen kann, liefert noch einen trotzigen vierten Song ab und räumt dann zu eher höflichem Klatschgeplätscher einigermaßen deprimiert das Feld.

Ein Roadie bringt einen Barhocker auf die Bühne, ich nehme noch einen Schluck von meinem Superbock und denke: „Bin gespannt, wie sie die Stimmung jetzt noch retten wollen."

Eine klein gewachsene Sängerin mit tiefschwarzem Haar und einem einfachen schwarzen Kleid erscheint auf der stockdunklen Bühne, tippelt mit ihrem Mikro vorsichtig zum Barhocker und klettert darauf. Dann leuchtet ein einzelner Scheinwerfer auf und taucht die zierliche Frau in schwaches Licht. Sie hebt ihren Kopf, setzt das Mikro an die grellrot geschminkten Lippen und fängt an, eine herzzerreißende Melodie zu singen.

„Auweia", denke ich, „'ne Jammerelse? Und dann noch Halbplayback? Wie will die denn die ganzen Leute hier …"

Ich komme nicht dazu, meinen Gedanken zu beenden, denn der portugiesische Familienvater neben mir wirft die Reste seines Piri-Piri-Huhns schwungvoll von sich, springt auf, klatscht ekstatisch und ruft lautstark: „Braaavo!!!" Ich sitze wie vom Donner gerührt. Was ist denn in den gefahren?

Überall im Publikum brandet plötzlich Applaus auf, Menschen erheben sich von ihren Klappstühlen und jubeln der Sängerin zu. Mehrere Fans rennen zur Bühne und werfen Rosen. Der Mann neben mir setzt sich wieder, dicke Tränen laufen über seine Wangen. Er wischt sich mit seinen Chili-Hühnchen-Händen über die Augen, was den Tränenfluss eher noch befeuert, legt den Arm um seine Frau, die beiden drücken ihre fettglänzenden Wangen aneinander und wiegen sich entrückt zum Klang der Musik.

Ich verstehe die Welt nicht mehr und schaue Stefan an. Der nippt an seinem Bier, lacht kurz und sagt nur ein Wort: „Fado!"

Ah, natürlich: DAS ist Fado! Die portugiesische Nationalmusik über unerwiderte Liebe, Verlust und „Saudade" (Weltschmerz) im Allgemeinen. Also die passende Musik für alle, die von Bolas de Berlim und Francesinhas noch nicht genug heruntergezogen wurden.

Ich habe mal gelesen, ein echtes Fado-Lied müsse sich anfühlen, als würde dir jemand ein Messer ins Herz rammen und dann langsam drehen. Wenn das stimmt, macht die Dame da auf der Bühne gerade absolut alles richtig.

***

Spät am Abend steigen wir wieder auf unsere Fahrräder und fahren an der Küste entlang zurück zu unserem Campingplatz. Stefan schaut auf sein Handy: „In die andere Richtung führt dieser Radweg übrigens bis nach Lissabon. Sollen wir da vielleicht ein Hotel buchen und ein paar Tage mit dem Fahrrad durch die Stadt fahren?"

„Warum nicht", sage ich.

Und das, meine Damen und Herren, war definitiv die zweite mittelgute Idee der Woche.

***

Steffi E. schreibt: „In Lissabon müsst ihr unbedingt in der Alfama Ginjinha aus Schokotässchen trinken! Übrigens: Seid ihr sicher, dass ihr da Rad fahren wollt? Das ist … sportlich!"

***

Ich hätte es wissen müssen. Als ich vor 20 Jahren zum ersten Mal in Lissabon war, nahm ich mir anschließend vor: „Nächstes Mal gehe ich vorher vier Wochen auf den Stepper!" Denn was viele Reiseführer verschweigen: Lissabon ist die einzige Stadt der Welt, in der alle Straßen ausschließlich nach oben führen. Egal wohin man will, es geht auf jeden Fall bergauf. Und zwar nicht so kölsch bergauf, wo die Leute schon Gipfelkreuze in die Erde schlagen, wenn sie den 20-Meter-Hügel am Aachener Weiher hochgekeucht sind. Nein, mehr so österreichisch bergauf. Alpin, sozusagen.

Aber an all das denken wir nicht, während wir die relativ ebenerdigen fünfzig Kilometer von Guincho nach Lissabon radeln. Wir machen Rast am Torre de Belém, der ein bisschen aussieht, als hätte jemand an der Tejomündung angefangen, eine „Harry Potter"-Kulisse zu bauen, und dann schon nach einem Türmchen die Lust verloren. Es geht weiter zur stark an die Golden Gate Bridge erinnernden Brücke des 25. April, und erst als wir auf dem Praça do Comércio stehen und ich die steil ansteigenden Straßen Richtung Innenstadt sehe, fällt es mir wieder ein: „Ah, stimmt … Lissabon – da war doch was!"

„Wie kommen wir denn da jetzt hoch?", fragt Stefan und schaut kritisch erst auf mich, dann auf mein Fahrrad und den Hundeanhänger an meiner Hinterachse.

„Na ja, schieben geht nicht. Dazu sind die Gehwege zu schmal."

„Aber … kannst du da hochfahren?", fragt Stefan.

Sagen wir es es so: Ich habe es versucht. Falls es im Sommer 2017 in der Tagesschau mal Bilder von einem lang anhaltenden Verkehrschaos in Lissabon gab, das daherrührte, dass ein offensichtlich größenwahnsinniger deutscher Hobbyradler bei 37 Grad Außentemperatur mit einem zwanzig Kilogramm schweren Anhänger im ersten Gang 45-Grad-Steigungen hochgeradelt ist, dabei sämtliche Autos hinter sich aufgestaut hat und aufgrund eines unbedachten Ermüdungsschlenkers noch in einer Straßenbahnschiene hängen geblieben ist – dann war das wohl ich.

***

Anderthalb Stunden später liegen wir in unserem Hotelzimmer auf dem Bett, starren an die Decke und ich habe nur noch einen Wunsch: dass mein rot pulsierender und kürbisgroßer Kopf wieder seine ursprüngliche Form und Farbe annimmt.

„Und jetzt?", fragt Stefan.

„Jetzt machen wir mal ein halbes Stündchen die Augen zu und erholen uns ein bisschen und dann überlegen wir, was wir mit dem Abend noch so anstellen", brabble ich mit letzter Kraft.

Ich erwache am nächsten Morgen um acht Uhr.

***

So eine Stadt verändert ja leider nicht über Nacht ihre geografische Lage und deswegen sind unsere Fahrräder hier auch am nächsten Tag nach wie vor ungefähr so nützlich wie ein Taucheranzug in Garmisch. Wir lassen sie also stehen und überlegen, wie wir uns „desenmer-daren". (Mein portugiesisches Lieblingswort! Wörtlich: „to unshit oneself" – also sich selbst aus der Kacke ziehen. Darin sind die Portugiesen nach eigener Auskunft nämlich Weltmeister.) Eine Möglichkeit wäre, die Stadt zu Fuß zu besichtigen. Das versuchen wir auch, es ist aber nicht wesentlich weniger anstrengend als mit dem Fahrrad und man merkt dabei auch sehr schnell, welche Schuhe wirklich passen und welche relativ unüberlegt ohne Anprobe hektisch gekauft wurden, weil man zum Beispiel in Bratislava ausgeraubt wurde. (Schon nach einer Stunde liegt deshalb in einem Lissabonner Mülleimer ein Paar fast neuer, weinroter Chucks.)

Eine andere Möglichkeit ist die berühmte knallgelbe Straßenbahnlinie 28, die durch die gesamte Altstadt tuckert. In der sitzt man aber leider wie ein „De Beukelaer"-Mikadostäbchen in der Packung. Und bei der Hitze schmilzt man auch genauso schnell. Noch dazu tummeln sich in diesen Bahnen hoch professionelle Taschendiebbanden mit beeindruckenden Touristenverkleidungen und sehr schnellen Fingern. Es ist quasi ein rollendes Theater mit sehr billigem Ein-, aber sehr teurem Austritt.

Wir entscheiden uns deshalb für die dritte, bequemste und sicher auch lustigste Variante und buchen eine Tuk-Tuk-Tour. Leano, unser Guide, chauffiert uns eine Stunde mit seinem Elektro-Tuk-Tuk (das also eigentlich gar kein Tuk Tuk ist, sondern eher ein Psst Psst) vorbei an Kirchen und Museen, der ältesten Buchhandlung der Welt, dem mitten in der Stadt stehenden Aufzug Elevador de Santa Justa („Glückwunsch, Sie haben dieses Lissabon-Level geschafft – auf zum nächsten!"), zu den Gassen der Alfama, wo wir endlich auch die alten Damen finden, die ihren selbst gemachten Ginjinha-Kirschlikör in kleine Becher aus Zartbitterschokolade gießen. Zwischendrin gibt's Pastéis de Nata von Manteigaria (für alle, die nicht eine halbe Stunde für die berühmten Pastéis de Belém anstehen wollen, eine sehr geschmeidige Alternative!) und immer wieder zeigt Leano auf die ein oder andere Hauswand, denn ganz nebenher besitzt Lissabon auch noch einige der beeindruckendsten Street-Art-Werke, die ich jemals gesehen habe. Ich werde wohl nie verstehen, wie Wim Wenders mit „Lisbon Story" aus so einer pulsierenden Stadt einen so drögen Film machen konnte.

Wir verlängern die Tour spontan um eine weitere Stunde und kommen mit Leano ins Plaudern. Er erzählt von seinem Tourismusstudium, von seinen zahlreichen Aushilfsjobs und von den Problemen der jungen Portugiesen, einen dauerhaften Job zu finden. Dann deutet Leano auf ein paar Wahlplakate und erzählt, dass demnächst eine Kommunalwahl ansteht, dass aber gerade die jungen Leute von der Politik sehr enttäuscht sind und sich kaum noch etwas erhoffen.

„Und Europa? Was haltet ihr hier von Europa?"

Leano zuckt die Schulter: „Weißt du, wir würden die EU so gerne toll finden." Er dreht sich zu uns und schaut gequält: „Wir haben nur leider so wenig Grund dazu."

Liebe EU-Vertreter, ich will nichts sagen, aber falls uns der ganze europäische Bums mal mit Schmackes um die Ohren fliegt – sagt bitte nicht, es hätte euch keiner gewarnt.

***

Abends sitzen wir im Parque Eduardo VII hoch über der Stadt. Während Bärbel mit anderen Hunden durch die symmetrisch angeordneten Hecken jagt, lassen wir den Blick bis zum Fluss schweifen, genießen die Stille und die langsam erträglicher werdenden Temperaturen. Lissabon hat uns in kürzester Zeit um den Finger gewickelt. Ich kann jedem nur empfehlen, hier mal herzufahren, mit Leano durch die Gassen zu brettern und nebenher zum Spaß zu zählen, wie viele Fahrradfahrer so unterwegs sind. Wenn es mehr als einer ist, sind vermutlich mein Mann und ich mal wieder in der Stadt.

***

Mandy V. schreibt: „Wir sind deinem Tipp gefolgt und haben eine Tuk-Tuk-Tour mit Leano gemacht. Es war großartig! Aber, wenn ich jetzt auch mal einen Tipp geben darf: Als Frau sollte man dabei unbedingt einen Sport-BH tragen!"

Ja, äh ... das kann natürlich sein!

***

Nach einer äußerst gegenwindigen Rückfahrt nach Guincho treffen wir Melli und Basti wieder, die ihren Bully direkt am Strand geparkt und die letzten beiden Tage auf ihren Surfbrettern verbracht haben. Melli mümmelt eine Karotte mit Senf und erzählt, dass am Vorabend der schon reichlich altersschwache VW Passat von drei Schweizer Studenten, die neben ihnen geparkt hatten und eigentlich nur ein letztes Mal surfen wollten, aufgebrochen wurde. Ich schüttle den Kopf: „Wer knackt denn so 'nen klapprigen Studentenkombi? Da ist doch nichts zu holen!"
Basti verzieht das Gesicht: „Na ja ... doch. Die Jungs hatten ihre gesamte Reisekasse im Auto. Zweitausend Euro. In bar. Alles weg."
Die Reisekasse im Auto?? Das tut mir wirklich sehr leid für die Schweizer Studenten. Andererseits finde ich es in dem Moment fast ein bisschen beruhigend, dass nicht nur Stefan und ich mittelgute Ideen haben.

19. ENDLICH OUTLAW!

Algarve (Portugal)

Zeit für ein Geständnis: Ich wurde von der portugiesischen Polizei wegen illegalen Übernachtens in einem Naturschutzgebiet an der Algarve aufgeschrieben. Da. Jetzt hab ich's also gesagt. Ich will einfach nicht, dass das später mal einer Bundespräsidentschaftskandidatur im Weg steht. Sind ja schon Leute wegen ganz anderer Vergehen aus dem Schloss Bellevue gejagt worden. Einen Vorteil hab ich aber schon gegenüber Christian Wulff: Das Ganze passierte mit meinem eigenen Auto und nicht mit einem geschenkten Bobby-Car. Hilft das?

Aber der Reihe nach. Also: die Algarve …

***

Mama schreibt: „Wo seid ihr denn gerade?"
Ich: „In Sagres."
Mama: „Wo ist das denn?"
Ich: „Nimm mal einen Bettbezug aus dem Schrank."
Mama: „???"
Ich: „Mach mal. Dann stell dir vor, der Bettbezug wäre Europa. Steck dann deine Hand tief rein, als würdest du versuchen, von innen nach der Bettdecke zu greifen. In den tiefsten Zipfel rein. Hast du's? Genau da sind wir jetzt."
Kurze Pause.
Mama schreibt: „Junge, geh aus der Sonne!"

***

Rund fünfzig Facebook-Follower hatten uns Sagres empfohlen, ein 2.000-Seelen-Kaff im Südwesten der Algarve. Erst als wir dort ankommen, merke ich, dass ich hier schon mal war. Lange bevor ich Stefan kennengelernt habe, bin ich eines Sommers mit dem Zug durch Europa gefahren, war in Granada, Sevilla, Lissabon und eben auch in Sagres. Wäre mir das etwas früher eingefallen, hätte ich mich vielleicht daran erinnert, dass ich die Stadt schon damals einigermaßen überschätzt fand. Ja, man kann zum Cabo de São Vicente fahren, dem südwestlichsten Punkt Europas. Man kann sich neben den Leuchtturm stellen, sich den Wind um die Nase pfeifen lassen (und Wind ist hier immer!) und kann auf die Felsen schauen, die aussehen, als hätte sie jemand mit dem Plätzchenausstecher geformt. Man kann sich vorstellen, in ein Boot zu steigen und einfach schnurgerade nach Westen zu fahren, wodurch man Amerika ungefähr auf der Höhe von Washington D.C. erreichen würde. Man kann auch an der fest in deutscher Hand befindlichen Bratwurstbude die „Letzte Bratwurst vor Amerika" essen (hab ich gemacht, schmeckt wie 'ne Bratwurst), das dazugehörige Diplom in Empfang nehmen, einrahmen und an die Wand hängen (hab ich nicht gemacht, kein Platz im Wohnmobil). Aber ich werde den Eindruck nicht los, dass das halt wieder alles so Dinge sind, die man „unbedingt mal gesehen haben muss".

Immerhin: Es gibt ein Bier namens Sagres. Das gibt es zwar überall im Land, aber natürlich schmeckt es nirgends besser als hier. Und vor allem bei dem ordentlich angedröschten Brötchen der „Letzten Bratwurst vor Amerika" schadet es nicht, etwas zum Runterspülen zur Hand zu haben.

***

Mike M. schreibt: „Tu mir einen Gefallen und schreib das nicht auf deiner Facebook-Seite, weil sonst jeder hingeht, aber: Die Praia da Figueira ist meiner Ansicht nach der schönste Strand der Welt."

(Versprochen, Mike, kein Wort dazu auf meiner Facebook-Seite. Aber Buch ist okay, oder?)

***

Ich habe bisher immer behauptet, dass ich kein Strandmensch sei und dass ich es höchstens mal einen Tag am Strand aushalte und dass dieses ritzenkriechende Sandgedöns doch insgesamt der pure Porenstress sei und rhabarber, rhabarber, rhabarber. Tja. Und dann kommst du an die Algarve und denkst dir: „Hier kriegt mich keiner mehr weg."

Schon die Fahrt nach Figueira (was übrigens nichts mit dem eher zugebauten Touristenörtchen Figueira da Foz nahe Coimbra zu tun hat) ist ein Erlebnis: Die ganze Landschaft ist ocker und grün, ins Seitenfenster weht eine steife Brise, zwischendrin regnet es auch mal, die Tropfen verdampfen aber sofort auf dem warmen Pinienboden und schon riecht's überall nasenbefreiend nach Erkältungsbad. Und dann die Küste: Steile rote Felsen fallen ins tiefblaue Meer, überall kleine Badebuchten, Höhlen, die man nur bei Ebbe erreicht, und insgesamt bekommt man das Gefühl, als könne sich hier jeder seinen ganz persönlichen Strand aussuchen: „Guten Tag, ich hätte gerne so einen leichten Sommerstrand, was hätten Sie denn da?" – „Da nehmen Sie doch die Praia da Figueira, die kann man auch gut mit ein paar Freunden genießen. Aber Vorsicht: geht direkt in den Kopf!"

***

Wir fahren also mit Basti und Melli nach Figueira. Die beiden reisen nun – mit Unterbrechungen – schon erstaunlich lange mit uns. Bastis Surfer-Grundentspanntheit, Mellis schier ungebremste Abenteuer- und Bewegungslust und beider Spaß an „Kartenspiel, Pasta und Wein"-Abenden vorm Wohnmobil passen einfach wunderbar zu unserer Vorstellung einer gelungenen Reise. Das fällt vor allem dann auf, wenn man zwischendurch mal Leute trifft, die … äh … ein bisschen anders drauf sind. (An dieser Stelle noch mal liebe Grüße an Wolfgang und Resi, das pensionierte und sehr anhängliche Ärztepärchen aus Garmisch, das sich alle zwei Minuten in den Haaren lag, mir genau erklärte, was ich beim Grillen alles falsch mache, und zum gemeinsamen Abendessen eine halbe Flasche stilles Wasser beitrug. Falls ihr noch immer auf dem Campingplatz in Sines auf uns wartet: Sorry! Und ja, es könnte sein, dass meine Telefonnummer nicht stimmt.)

Figueira erweist sich sehr schnell als Spitzentipp: Dort finden wir nämlich einen der schönsten Stellplätze unserer Reise. Ein gut gelaunter Portugiese empfängt uns am Eingang mit einem völlig ungezügelten Wortschwall und lacht sich schier kaputt, als ich mit einem etwas holprigen und noch dazu (einigermaßen) spanischen „No comprendo, pero si!" antworte. Wir stellen unsere Autos auf dem flachen Kiesplatz ab, packen die Taschen und machen uns auf den Weg zum Strand. Auf einem engen Sandweg zwängt man sich durch Dornenhecken und Gebüsch, an Bachläufen voller Entengrütze vorbei, und gerade wenn man denkt: „Hier kann nichts mehr kommen", dann sieht man ihn: den Strand von Figueira. Weißer Sand, links und rechts rote Felsen mit begehbaren Höhlen, glasklares Wasser, eine sanfte Brandung und eine Ruhe, die selbst von den im Vicky-Pollard-Stil schnatternden Engländerinnen auf dem Hand-

tuch nebenan nicht wirklich beeinträchtigt wird („nebenan" heißt hier aber auch circa 50 Meter weit entfernt). Es
ist perfekt. Während Basti und Melli schwimmen und
schnorcheln und sich insgesamt nach allen Regeln der
Kunst austoben (die zwei sind Mitte 20 – da ist noch
Druck aufm Kessel!), liegen Stefan und ich auf unseren
Decken und schauen vor uns hin. Aufs Meer, auf die
Wellen, auf die Felsen. Stundenlang. Ohne ein Wort zu
sagen. Ich finde übrigens, dass das eines der besten An-
zeichen für eine gute Beziehung ist: gemeinsam schweigen zu können, ohne dass es auch nur eine Sekunde unangenehm ist.

Als wir nach mehreren Stunden unsere Sachen zu-
sammenpacken, seufzt Stefan, schaut noch mal aufs
Meer und sagt: „Was für ein toller Tag."

Ich weiß schon sehr gut, warum ich diesen Mann ge-
heiratet habe.

***

Das eigentliche Highlight von Figueira erwartet uns
aber am nächsten Tag: Früh am Morgen werden wir von
Tiago geweckt, einem ungefähr 60-jährigen untersetzten
Portugiesen mit ledriger Haut und genau einem Zahn.
Der vergnügte Opa rollt mit seinem klapprigen, zum
Krämerladen umgebauten Transporter auf den Platz,
bläst dabei mit erstaunlicher Lungenkraft in eine Fahr-
radtröte und brüllt uns wach. Basti und ich krabbeln aus
unseren Autos, sehen uns müde um und bevor wir so
richtig munter sind, verkauft uns Tiago tausend Sachen,
von denen wir gar nicht wussten, dass wir sie brauchen:
Feigen und Tomaten aus seinem Garten. Croissants aus
dem letzten Jahrhundert. Klamotten, Werkzeug, Ther-
momix, waffenfähiges Uran – es gibt nichts, was Tiago
nicht aus einer seiner Schubladen ziehen könnte.

Dann pustet er noch mal in seine Tröte, steigt in sein windschiefes Gefährt, das mittlerweile eine stattliche Öllache auf dem Parkplatz hinterlassen hat, und verschwindet. Basti und ich schauen auf die Einkäufe in unseren Händen und sind von uns selbst überrascht: „Ein Ring aus getrockneten Feigen – warum hab ich den denn gekauft?", fragt Basti.

„Frag mich mal!", sage ich und halte einen riesigen, alten Schraubenschlüssel hoch.

Wir schütteln den Kopf und decken den Frühstückstisch für Stefan und Melli. Es gibt rostiges Werkzeug mit Trockenfeigen.

***

Tani H. schreibt: „Wenn du jetzt doch noch zum Strandtyp wirst, müsst ihr aber auch an die Praia da Falésia. Rot, weiß, gelb, ocker, wieder rot – die Steilküste bei Albufeira hat alle fünf Minuten 'ne andere Farbe!"

***

Seit genau drei Monaten sind wir jetzt unterwegs und haben in der Zeit viel gelernt. Nicht nur im Bereich der Geografie und Geschichte, sondern auch auf dem Gebiet der Physik, der Chemie, der Medizin und überhaupt der angewandten Wissenschaften. Wir wissen jetzt zum Beispiel, dass es sich wirklich immer lohnt, ein schief stehendes Wohnmobil noch mal umzuparken – es sei denn, man will, dass einem sämtliches Blut in den Kopf läuft und man am nächsten Tag mit einem Schädel aufwacht, den man sich sonst mühsam mit vier Litern Sangria zusammensaufen müsste.

Wir wissen auch, dass solarbetriebene Campingduschen prinzipiell eine schöne Idee sind, sich in der Hitze

Südeuropas aber überraschend schnell ziemlich hautunfreundlich aufheizen und somit eher für die Zubereitung von Teewasser geeignet sind.

Außerdem haben wir gelernt, dass sich die Flüssigkeit in einem Deoroller, der sich zu lange in einem überhitzten Wohnmobil befindet, ausdehnt, von innen gegen die Glaskugel drückt und das ganze Ding beim nächsten Öffnen in Richtung Achselhöhle explodieren lässt.

Überhaupt: Explosionen sind ein wichtiges Thema auf so einer Reise. Nicht nur physikalische, sondern auch emotionale. Drei Monate zu zweit (plus Hund) auf acht Quadratmetern – da kann es schon mal rauchen. Auch in den allerbesten Beziehungen. Ich weiß das, denn bei uns hat es gerade geraucht. Aber so richtig.

Stefan ist weg. Das ist jetzt keine sehr präzise Angabe, aber genau das hat er gesagt, als er sich vor einer Stunde, nach einem gepfefferten Streit auf dem Wohnmobilstellplatz an der Praia da Falésia, sein iPad schnappte und davonstapfte: „Ich bin weg." Für jemanden wie Stefan, dem eigentlich jedes Talent zur Drama-Queen fehlt, ein mehr als ungewöhnlicher Abgang.

Seitdem habe ich ihn nicht mehr gesehen.

Das Absurde ist: Ich weiß nicht mal mehr, worüber wir überhaupt gestritten haben. Irgendwas mit verdrecktem Wohnmobilfußboden und schnippischen Antworten und „Du machst immer das" und „Dafür machst du immer jenes" – die richtig großen Probleme des Lebens eben. Wie bescheuert sind wir eigentlich?

Jetzt sitze ich vor unserem Auto, werfe Bärbel unmotiviert einen Ball zu und starre vor mich hin. Ich muss an unsere Kölner Nachbarin denken, die mich, als ich ihr von unseren Reiseplänen erzählte, fassungslos anstarrte: „Vier Monate? In dem engen Ding? Ich würde meinen Mann nach einer Stunde in der Luft zerreißen!" Na, dafür halten wir uns ja eigentlich ganz gut.

Gerade als ich überlege, ob ich mal an den Strand gehen sollte, um Stefan zu suchen, steht er plötzlich wieder neben mir. Wir schauen uns lange an. Ich werfe nochmals den Ball. Dann setzt Stefan zum Sprechen an.

„Okay, bevor du anfängst", unterbreche ich ihn. „Weißt du noch, worum es eigentlich ging?"

Stefan atmet tief durch. Dann schüttelt er den Kopf.

„Ich auch nicht", sage ich.

Mein Mann schaut mich betreten an: „Was ist denn mit uns los? Seit wann streiten wir uns über solchen Firlefanz? Das haben wir doch noch nie gemacht."

„Wir haben aber auch noch nie so viel Zeit auf so engem Raum miteinander verbracht", versuche ich eine Erklärung. „Oder überhaupt so viel Zeit miteinander. Außerdem ist es heiß. Und ich schwitze. Und der Stellplatz hier ist scheiße. Und schief stehen wir auch noch und außerdem ..."

Ich kann nicht weiterreden, denn Stefan hat den Arm um mich gelegt und drückt mich fest an sich. Meine Nase steckt in seinem Brustkorb. Ich kann kaum atmen, drehe meinen Kopf leicht zur Seite und frage einigermaßen überrascht: „Äh ... was machst du da?"

„It's better to grab him!", sagt Stefan. „Hab ich in Sintra gelernt."

Ich muss lachen und vergrabe meine Nase wieder in seinem Brustkorb. Dann umarme ich gnadenlos zurück.

***

Benny P. schreibt: „Dir als Kölner müsste Tavira eigentlich gefallen: Überall gekachelte Häuser. Allerdings nicht die Kölsche Baumarkt-Resterampe-Variante, sondern richtig kunstvoll!"

***

216

Wir machen einen Abstecher nach Monchique, einem Bergdorf, das für seinen ordentlich darmdurchblasenden Likör Medronho und für seine Korkverwertung bekannt ist: Es gibt hier Handtäschchen aus Kork, Portemonnaies aus Kork, Armreife aus Kork – der Kork ist quasi der Filz des Portugiesen!

Dann verabreden wir uns wieder mit Basti und Melli, diesmal in Tavira, einem putzigen Nest ganz im Osten der Algarve mit zahllosen bunt gefliesten Häusern. Als Kölner denkt man sich tatsächlich automatisch: „Ach guck, Kacheln gibt's ja auch in hübsch!" Leider hat Tavira keinen echten Wohnmobilstellplatz, weshalb wir ein bisschen improvisieren müssen, an Salinen vorbei auf eine menschenleere Landzunge fahren und wenige Meter neben einem kleinen Strand die Autos parken. Wir bummeln in den Ort, besuchen die Camera obscura, wo ein munterer Brite abwechselnd auf Englisch, Holländisch und Fantasie-Deutsch die Sehenswürdigkeiten Taviras erklärt („Dies ist der Hutt, in der in zwölfhunderten Jahrhundert die Gebrächnis von die Koning war" – so in etwa. Ich bin sicher, der Mann könnte stundenlang angeregt mit der Dolmetscherin aus Bratislava plaudern), wandern dann zurück zu unseren Wohnmobilen und fallen spätabends todmüde in unsere Betten.

Tja. Und dann war da eben die Sache mit der Polizei.

Als Stefan und Melli am nächsten Morgen eine Joggingrunde drehen, klopft es plötzlich an meiner Autotür und ein tiefbrauner und durchtrainierter Jungpolizist, der eigentlich eher aussieht wie ein Partystripper, bittet mich nach draußen. Basti hat er offensichtlich auch schon wachgeklopft. Wir schauen uns ratlos an.

„Sorry, aber hier dürft ihr nicht übernachten", sagt der Beamte auf Englisch.

„Oh, das tut mir leid", antworte ich. „Das wusste ich nicht!"

„Kein Problem, aber ich muss eure Personalien aufnehmen. Tut mir leid."

Moment – ihm tut es leid? Na gut. Ich gebe ihm meinen Ausweis und er notiert sich meine Daten. Basti tut dasselbe.

„Heißt das denn … Haben wir da jetzt 'ne Anzeige zu erwarten oder so was?", fragt Basti vorsichtig.

„Nein, nein." Der Polizist schüttelt energisch den Kopf. „Da passiert überhaupt nichts. Ich muss das nur machen, das sind die Vorschriften. Tut mir wirklich sehr leid."

Jetzt entschuldigt der sich schon wieder. Allmählich bin ich mir nicht mehr sicher, ob er uns beim Wildcampen oder wir ihn beim Polizistspielen erwischt haben. Er gibt uns unsere Ausweise zurück und klappt seine Mappe zu.

„Müssen wir denn jetzt sofort weg hier?", frage ich.

Er schüttelt wieder den Kopf: „Nee, tagsüber dürft ihr hier stehen. Nur übernachten dürft ihr nicht."

„Ah. Na dann", sage ich. Das Ganze wird immer absurder.

Schließlich steigt unser neuer Freund wieder in sein Auto. Er öffnet die Scheibe und winkt uns zu: „Schönen Tag noch. Und sorry noch mal!"

Er braust davon und wir winken ihm hinterher. Basti ruft dabei: „Schon okay. Aber das machste nicht noch mal, ne?"

Ich schaue ihn an: „'Das machste nicht noch mal?'"

Basti zuckt die Schulter: „Ja was? Er hat sich doch die ganze Zeit entschuldigt!"

Meine Mutter hatte recht: Wir müssen dringend aus der Sonne.

***

Als Stefan und ich Tavira gegen Mittag verlassen, werde ich ziemlich schweigsam. Ich fahre auf die Autobahn Richtung Spanien und sage lange Zeit kein Wort.

„Alles okay?", fragt Stefan irgendwann.

„Ach … weiß nicht", sage ich.

„Hau's raus", ermuntert mich mein Mann.

„Na ja, wir sind jetzt so weit weg von Köln, wie man in dieser Ecke Europas überhaupt sein kann."

„Und … das heißt?"

„Das heißt, dass alles, was ab jetzt kommt … eigentlich schon zur Rückfahrt zählt."

Stefan nickt und schweigt kurz. Wir beide haben uns immer vor diesem Moment gefürchtet: dem Moment, da uns bewusst wird, dass es mit dieser Reise aufs Ende zugeht. Dass wir bald wieder in unserem Alltag ankommen. Dass das Wohnmobil bald mindestens ein halbes Jahr unbenutzt auf der Straße stehen wird.

Stefan scheint ebenfalls ins Grübeln zu kommen und neigt den Kopf zur Seite: „Andererseits haben wir immer noch drei Wochen. Wenn man das mal für sich betrachtet, ist es noch ein ganz schön stattlicher Urlaub."

Ich nicke: „Stimmt."

Es dauert noch ein paar weitere Minuten, bis sich Stefan entschlossen in seinem Sitz aufrichtet: „Ich finde, wir sollten das anders sehen: Das ist keine Rückfahrt. Das ist einfach nur Urlaub in die andere Richtung."

„Urlaub in die andere Richtung?"

„Ja, wir fangen in Andalusien an und Köln ist dann der Höhepunkt der Reise. Ein richtig langer Urlaub – nur eben in die andere Richtung."

Ich muss lachen. In dem Moment passieren wir die portugiesisch-spanische Grenze. „Willkommen in Spanien", denke ich. Dem ersten Land eines dreiwöchigen Urlaubs in die andere Richtung.

TEIL IV

NACH HAUSE

20. APNOE DURCH ANDALUSIEN

Sevilla, Cádiz, Ronda (Spanien)

Herbert L. schreibt: „Ihr fahrt im August nach Sevilla? Respekt, die mittelguten Ideen gehen euch offensichtlich nicht aus! Sucht euch wenigstens ein schattiges Plätzchen unter dem weltgrößten Holzsonnenschirm!"

***

Der Camper kennt ja drei schlimme Hs: Hitze, Hochsaison und Hurensohnvonautoknacker. Mittlerweile haben wir alle drei Hs erlebt, das erste, die Hitze, aber noch nie so wie in Andalusien. Sevilla zum Beispiel ist eine wunderschöne Stadt – zwischen zehn Uhr abends und acht Uhr morgens. Den Rest des Tages ist es ein hitzeflimmernder Pizzaofen, wo jede Hauswand, jedes Denkmal, jeder Pflasterstein dich anzuschreien scheint: „Was zur Hölle machst du hier?"

Bei unserer Ankunft hat es schlanke 41 Grad. Abends um halb acht. Wir finden einen Wohnmobilstellplatz am Ufer des Canal de Alfonso XIII (man glaubt gar nicht, dass durch diese Stadt ein Gewässer fließen kann, ohne unterwegs zu verdampfen) und warten auf Basti und Melli, die mit ihrem leicht betagten Bully selten über die 80 km/h kommen und die Hitze deshalb noch viel härter abbekommen als wir. Entsprechend fertig sind die beiden, als sie auf den Platz rollen. Unsere Übernachtungsmöglichkeit ist eigentlich ein Parkplatz, der wenig Schatten bietet und an dessen Rändern es nasenbetäubend nach „Hui, das war 'ne lange Autofahrt, ich mach jetzt erst mal hier hin" riecht. Wir dampfen unter einem Baum ein bisschen aus und als wir gegen 21 Uhr endlich das Gefühl haben, dass so etwas Ähnliches wie Bewegung wieder möglich ist, fahren wir mit den Rädern in die Stadt. Laut einhelliger Meinung meiner Facebook-Follower kann man in Sevilla nämlich die besten Tapas der Welt essen.

Tatsächlich finden wir bald ein vielversprechendes Restaurant in einer Seitenstraße, bestellen gegen 22 Uhr Manchego-Käse und gebratene Sardellen und kommen uns aufgrund der späten Essenszeit wahnsinnig andalusisch vor. Gleichzeitig wundern wir uns, dass wir die einzigen Gäste in dem Lokal sind – bis sich der Laden dann ab halb zwölf langsam mit Einheimischen füllt. Was wir Mitteleuropäer unter „Abendessen" verstehen, ist hier halt eher eine Art Nachmittagssnack. Kein Wunder: Erst gegen Mitternacht sind die Temperaturen so, dass man wirklich Lust auf Nahrungsaufnahme hat. Auf der Rückfahrt zu unserem Parkplatz denke ich sogar kurz: „Na, jetzt wird's aber frisch." Eine Werbetafel zeigt die aktuelle Außentemperatur an. Es hat 29 Grad.

***

Nach einer schwitzigen Nacht versuchen wir es am nächsten Morgen um halb acht noch mal mit ein bisschen Sightseeing, denn Sevilla gilt nicht umsonst als eine der schönsten Städte Europas. Streckenweise sieht es hier so übertrieben spanisch aus, als würde man in einem Freizeitpark durch die Themenwelt „Andalusien" laufen: Gelb-rote Hauswände, enge Gassen, verschnörkelte Fassaden, bunte Kacheln, Flamencosänger – man will eigentlich ständig jemanden fragen: „Muy bonito, pero dónde está el Achterbahn?" Wir radeln vorbei an der Plaza de España, dem Balkon der Rosina, der riesigen Catedral de Santa María de la Sede mit ihrer piksigen Außenfassade voller Türmchen und Zipfelchen und finden nach einiger Suche auch endlich den „Holzsonnenschirm": Der Metropol Parasol ist eine wabenförmige, geschwungene Holzkonstruktion, die von fünf Säulen getragen wird und die gesamte Plaza de la Encarnación überspannt. Und wie sehr hilft so ein Holzsonnenschirm jetzt gegen die andalusische Hitze?

Na ja.

Wenn man sich mal im deutschen Hochsommer in den Hähnchengrillwagen vor dem örtlichen Baumarkt stellt, den Kopf Richtung Heizstäbe streckt und sich als Hitzeschutz zwei Holz-Pommesgabeln über den Kopf hält – dann weiß man ungefähr, wie sehr das hilft.

***

Rike M. schreibt: „Andalusien? Wie viele Tipps brauchst du? Wie viele Wochen habt ihr? Ein Flamencoabend in Jerez de la Frontera! Und dann die weißen Dörfer: Ronda, Arcos, Vejer de la Frontera … wunderschön. Und natürlich mein geliebtes Cádiz: die „silberne Tasse", wie es die Einheimischen nennen. Genießt es!"

***

So eine Andalusien-Tour hat was von einem Apnoe-Tauchgang: Von Sevilla fahren wir an die Küste nach Cádiz (eine der ältesten Städte Westeuropas, die mit ihrer Kathedrale und ihrer Festung aus dem 18. Jahrhundert auch eine hervorragende Kulisse für das Königsmund aus „Game of Thrones" abgegeben hätte. Muss ja nicht immer Kroatien sein!), um ein bisschen Luft zu holen. Dann tauchen wir wieder ab ins brüllheiße Hinterland und flüchten abends durchgeschwitzt und mit dröhnendem Kopf erneut ans Meer. So geht das mehrmals hin und her.

„Hast du nicht neulich gefragt, wo das ganze spanische Gemüse aus unseren Supermärkten angebaut wird?", meint Stefan, während er uns mal wieder an die Küste fährt. Dann deutet er nach draußen.

Tatsächlich: Links und rechts der Straße sehe ich dürre Hügel und Täler, von denen man eigentlich nichts sieht, weil sie komplett mit Planen und Gewächshausdächern überzogen sind. Lkws fahren durch die Anlagen. Menschen spritzen undefinierbare Flüssigkeiten auf Paprika und Tomaten.

„Hier?", frage ich erstaunt. „Ausgerechnet hier? In einem der trockensten Landstriche, die ich jemals gesehen habe, wird unser täglich Grünzeug angebaut? Warum?"

Stefan zuckt die Schultern. „Moderne Landwirtschaft, Globalisierung und Profitgier. Die versteht man nur mit ordentlich Sonne aufm Kopf."

***

Mirko V. schreibt: „Jetzt wart ihr schon Rad fahren, schwimmen, wandern – täusch ich mich, oder fehlt da noch ein Surfkurs? Ich empfehle euch El Palmar in der Nähe von Conil!"

***

„Du schwimmst einfach raus, drehst um, legst dich aufs Brett, paddelst und stehst auf – Ende."

So klingt das, wenn dir ein erfahrener Surfer wie Basti die Geheimnisse seines Lieblingssports erklärt. Rausschwimmen, umdrehen, paddeln, stehen.

Ts. Kinderspiel!

Wir haben uns also tatsächlich einen Campingplatz in

El Palmar gesucht. Na ja, „Campingplatz" ist eigentlich übertrieben: Es ist eine umzäunte Wiese, die einem bis in den letzten Epidermis-Zipfel tätowierten Senioren-Surfer-Pärchen gehört. Die beiden sind mit dem bloßen Auge kaum auseinanderzuhalten, wohnen selbst auf dem Platz und haben vermutlich seit 40 Jahren ihren Tagesablauf „1. Aufstehen, 2. Surfen, 3. Schlafengehen" nicht großartig variiert.

Jetzt liegen Stefan und Melli also am Strand, während ich mich in den von Melli geliehenen Neoprenanzug zwänge, mein Gesicht dick mit Sonnenmilch eincreme und die obligatorischen Zinksalbenstreifen auf Nase und Wangen mache. Mein Mann schaut dabei so besorgt, als würde ich an die Ostfront ziehen. Ich ignoriere seine Blicke, nehme mein Brett und stürze mich mit Basti in die Fluten.

„Also dran denken", sagt er, während wir die Boards ins Meer schieben. „Rausschwimmen, umdrehen, drauflegen …"

„… paddeln und aufstehen. Ja, ja, krieg ich schon …"

Ich würde den Satz gerne beenden, schaffe es aber nicht, denn ich habe mein Surfbrett im 90-Grad-Winkel auf eine Welle zugeschoben. Das Wasser hebt das Brett an und haut es mir mit einem lauten Knall gegen den Kopf. Ich falle um und sehe erst Sternchen, dann nur noch Wasser. Hektisch versuche ich mich zu orientieren. Als ich wieder an die Wasseroberfläche komme, schaue ich in das entsetzte Gesicht von Basti: „Äh … alles okay?"

„Ja, ja", sage ich. „Warum?"

„Na ja, das hat … ordentlich gerumst", sagt Basti mit bekümmertem Blick.

„Mach dir keine Sorgen. Mein Kopf ist hart im Nehmen. Als Kind bin ich immer …"

Auch diesen Satz bringe ich leider nicht zu Ende,

227

denn die nächste Welle macht dasselbe wie die vorherige und erneut knallt es gut hörbar an meiner Schädeldecke.

Als ich wieder auftauche, schaut mich Basti noch ein bisschen besorgter an: „Sollen wir vielleicht noch mal am Strand üben?"

„Quatsch", sage ich, „ein paar Verletzungen gehören doch dazu, oder?"

„Ja", sagt Basti, „aber vielleicht noch nicht unbedingt im seichten Bereich."

Ich lasse mich nicht irritieren. Entschlossen lege ich meine Hand aufs Brett und schwimme Richtung Meer. Eine Welle kommt und reißt mir das Brett unter der Hand weg. Ich hole es an der Leine zurück und schwimme weiter. Die nächste Welle drückt mir das Brett ruckartig in die Seite. Ich stöhne kurz auf.

„Alles gut?", ruft mir Basti zu.

„Ja, ja, tipptopp!", antworte ich. „Sitzt meine Zinksalbe noch?"

Basti lacht: „Einwandfrei!"

„Na, das ist die Hauptsache."

Basti schaut Richtung Meer: „Die da! Versuch's mal mit der Welle da!"

Ich drehe sofort um, lege mich aufs Brett, fange an zu paddeln und schaue dabei vorsichtig nach hinten. Tatsächlich wird mein Board von der Welle erfasst. Ich paddle, ich rudere, ich stehe auf und … stehe!

Verdammte Scheiße, ich stehe! Wie eine Eins stehe ich jubelnd auf meinem Brett und gleite damit mindestens, ach, ich will nicht lügen: einen Meter Richtung Strand. Ha! Rutsch rüber, Garrett McNamara, ab jetzt werden die Wellen geteilt! Ich schwimme sofort wieder raus, hole mir noch mehrere blaue Flecken und noch mehr Beulen, bis mein Kopf aussieht wie ein stark verwachsener Turbankürbis, aber immerhin: Ich erwische noch zwei, drei gute Wellen und bin am Ende des Tages fest überzeugt: In mir steckt ein Surfer!

Leider verschlechtert sich am nächsten Tag das Wetter dramatisch: Es regnet, dunkle Wolken hängen über dem Meer vor El Palmar, Wellen gibt es auch keine mehr, und innerhalb weniger Stunden wird aus dem fröhlichen Surfernest ein graues, deprimierendes Loch. Wir sitzen unter der Markise unseres Wohnmobils und während ich mir die blauen Flecken vom Vortag mit Franzbranntwein einreibe, planen wir die Weiterfahrt. Basti und Melli wollen möglichst schnell Richtung Galizien. Ich schaue auf meine Wetter-App: „Aber … da sind's 19 Grad und es regnet."

Basti dagegen zeigt mir seine Surfer-App: „Ja, aber schau mal, was für geile Wellen es da hat!"

Und das war Zeitpunkt, da mir klar wurde, dass in mir einfach doch kein Surfer steckt. Und an dem wir uns schweren Herzens und mit mehr als nur einer Träne im Knopfloch von Basti und Melli verabschieden mussten.

***

Wir brechen also auf Richtung Nordosten, machen aber erst noch einen Stopp in Ronda und bewundern die schwindelerregende Puente Nuevo, die sich über die 100 Meter tiefe Schlucht des Río Guadalevín spannt. Auf der Weiterfahrt überlege ich, was ich anderen Leuten empfehlen würde, die so eine Reise planen. Die persönlichen Tipps meiner Facebook-Follower sind natürlich unbezahlbar. Meine gedruckten Reiseführer dagegen benutze ich sehr selten. Denn diese Bücher habe ja nicht nur ich – die haben auch noch Tausende anderer Touristen. Und so sieht es an den Must-see-Orten dann eben auch aus.

Meine Erfahrung ist: Unsere schönsten Erlebnisse hatten wir immer da, wo wir zufällig hingeraten sind. Das beste Essen gab's immer in den kleinsten Spelunken abseits vom Schuss. Und die schönsten Campingplätze lagen immer genau einen Ort neben den Touristenzentren. Deswegen habe ich auch eigentlich gar keine Lust, in diesem Buch konkrete Empfehlungen für Sehenswürdigkeiten, Campingplätze und Restaurants zu geben. Wenn überhaupt, empfehle ich Gegenden. Und ich empfehle, loszufahren und einfach zu entdecken.

Mein persönliches Andalusien-Highlight erlebten wir zum Beispiel nicht mithilfe eines Reiseführers, sondern als wir uns auf dem Weg von Ronda an die Küste hoffnungslos verfransten. Plötzlich fanden wir uns auf der spektakulären Bergstraße durch die Sierra de las Nieves wieder: Wälder, Schluchten, enge Straßen, man fährt durch die Wolken und kurz bevor es spooky wird, erkennt man am Horizont das Meer.

Man sollte sich einfach insgesamt viel öfter verfahren.

21. HOMO-HADSCH

Valencia, Sitges (Spanien)

Raúl F. schreibt: „Macht unbedingt einen Stopp in Valencia! Meine wunderschöne Heimat – und die der Paella. Wenn du dich nicht als Guiri outen willst, bestell sie unbedingt mittags!"

***

Ich muss mich bei Valencia (und Raúl) entschuldigen. Unser Abstecher dorthin war nämlich eigentlich kein Abstecher, sondern höchstens ein Anpikser: Wir parkten unser Auto auf einem schon reichlich Nebensaison-verträumten, fast leeren und dadurch leider auch etwas deprimierenden Campingplatz in El Saler, fünfzehn Kilometer südlich von Valencia, radelten an einem ganz und gar nicht leeren, sondern sehr betriebsamen schwulen Cruisinggebüsch vorbei (zahlreiche paarungsbereite Männer stromerten voller Hoffnung durchs Geäst – eine gute Einstimmung für diese Woche. Aber dazu später mehr) am Meer entlang in die Stadt und was dann kam, kann man bestenfalls als „touristisches Pflichtprogramm" bezeichnen: durch die futuristische „Stadt der Künste und der Wissenschaften" und den Jardín del Turia (ein ehemaliges Flussbett, das jetzt ein Park ist. Wenn die Klimaerwärmung so weiter- und der Pegel des Rheins noch mehr zurückgeht, wäre das eventuell auch etwas für Köln!). Kurz zur Markthalle und zur Kathedrale – das war's auch schon. Es hat wirklich nichts mit Valencia zu tun, das ist eine wunderschöne Stadt, mit herrlichen Plätzen und Orangenbäumen und fantastischen Paellarestaurants (von denen ich kein einziges besucht habe. Ich habe zwar nach Raúls Tipp auf der 600 Kilometer langen Fahrt hierher fast nichts anderes gemacht, als Paellalokale zu recherchieren, doch als wir endlich ankamen, hatte ich mir aufgrund eines sehr aggressiven Akuthungers schon vor der Mittagszeit den Magen mit Falafel vollgeschlagen. Und ein „Guiri", also ein doofer Ausländer, der total anfängermäßig abends Paella bestellt, wollte ich dann doch nicht sein).

Valencia ist aber eben irgendwie die zwanzigste wunderschöne Stadt auf unserer Reise und, na ja, beim Eurovision Song Contest wird man ja nach hinten raus auch oft ein bisschen ungeduldig.

Insofern: Sorry Valencia, nachträglich douze points!

***

Es ist Anfang September und ganz allmählich schleicht sich die echte Welt wieder in unser Leben. Ich merke, dass ich plötzlich wieder auf deutschen Nachrichtenseiten surfe. Und es eigentlich sofort bereue. Denn immer öfter wundere ich mich über das, was ich da so über Deutschland, unseren Kontinent und die Welt lese: Die EU verhandelt mit den Briten über den Brexit, kommt aber nicht weiter, da die Engländer so schlecht vorbereitet wirken, dass manche EU-Unterhändler schon eine Falle vermuten. Die rechtsradikale Identitäre Bewegung chartert ein Schiff, um im Mittelmeer Flüchtlingsorganisationen zu behindern, hängt dann aber vor Zypern fest und die zum Teil philippinische Besatzung stellt Asylanträge. Und die Türkei gibt eine Reisewarnung für Deutschland heraus.

Ich sag mal so: „Gesunder Menschenverstand" ist offensichtlich kein Megatrend im Spätsommer 2017.

***

*Kai M. schreibt: „Wenn ihr nach all der Zeit in Funktions-
wäsche und Outdoorjacken mal einen Campingplatz sehen
wollt, auf dem auch enge Tanktops und Aussiebum-Unterho-
sen auf der Wäscheleine hängen und morgens stark behaarte
Männerpärchen aus ihrem Wohnmobil krabbeln, dann
schnappt euch den in Sitges!"*

***

Dieser Sommer ist 'ne Tube Zahnpasta und wir quetschen gerade die letzten Reste raus. Da es immer schwieriger wird, unsere goldene Regel „Egal was kommt, wir
fahren nicht in den Regen!" zu befolgen, nehmen wir
den Rat von Kai M. gerne an und fahren tatsächlich zum
ersten Mal nach Sitges. Dem geneigten heterosexuellen
Leser sagt das jetzt wahrscheinlich nicht viel, alle anderen kriegen dagegen leuchtende Augen, denn Sitges, dieser kleine Ort zwanzig Minuten südlich von Barcelona,
ist eine Art Homosexuellen-Wallfahrtsort. Jeder pflicht-
bewusste schwule Mann pilgert mindestens einmal im
Leben hierher. Dann hüllt er sich in traditionelle Gewän-
der (also Speedo-Badehose und … nicht viel), verbringt
den Tag Seit an Seit an einem der völlig überfüllten
Strände (Badetücher, die breiter sind als ein Streifen Toi-
lettenpapier, gelten als unsozial – der Trend geht zum
Hochkantsonnen!), umkreist abends das Allerheiligste,
die Plaza Indústria, und wirft Steine auf fashionresisten-
te Heteros mit Outdoorsandalen. Es ist der reinste Ho-
mo-Hadsch.

Im Moment ist alles sogar noch ein bisschen doller,
denn gerade findet hier der „Bear Pride" statt. Auch das
wird den meisten heterosexuellen Lesern nichts sagen,
deswegen kurz erklärt: Es ist eine Art Christopher Street

Day für etwas behaartere und fülligere Vertreter der Gattung Homo homo. Oder, wie Stefan es treffend auf den Punkt bringt: „Man traut sich gar nicht, den Mund aufzumachen, weil man sofort Haare zwischen den Zähnen hat."

Sitges ist aber nicht nur sexuell aufgeladener Partytrubel, sondern auch eine richtig schöne spanische Künstlerstadt und sobald man die schwule Schinkenstraße mal verlässt, entdeckt man einen herrlichen Markt (Calamares für den Grill! Da kann der Wiesenhof Bruzzzler ganz schnell abbruzzzeln!), tolle Restaurants, viele Galerien und ein paar deutlich unüberfülltere Strände. Mama-Papa-Kind-Familien würde ich den Ort trotzdem nicht unbedingt für den Jahresurlaub empfehlen. Die Eltern könnten sonst ein bisschen zu oft in Erklärungsnot kommen. Wie zum Beispiel der deutsche Familienvater am Hafen von Sitges, dessen sechsjähriger Sohn fragend auf einen halbnackten Typen mit Lederharness zeigte, und dem zur Erklärung nichts Besseres einfiel als: „Das … äh … daran kann man ihn gut festhalten, damit er nicht wegläuft!"

Das war ja vielleicht noch ganz pfiffig, aber den Zusatz „So was bräuchten wir für dich auch!", den hätte ich mir an seiner Stelle gespart.

***

Was in Sitges sofort auffällt: Flaggen. Jede Menge Flaggen. Natürlich viele Regenbogenfahnen, im Moment aber mindestens genauso viele gelb-rot gestreifte: Es ist die Flagge Kataloniens. Die Menschen hier stehen kurz vor der heiß umstrittenen Abstimmung über die Unabhängigkeit der autonomen Region (die Berichte über den Kampf zwischen dem Separatistenchef Carles Puidgemont und dem spanischen Ministerpräsidenten Rajoy bestärken mich übrigens in meiner Meinung zum Thema „Gesunder Menschenverstand" und „Spätsommer 2017").

Katalonien empfindet sich nämlich schon lange nicht mehr (oder noch nie?) als „spanisch". Bei der Politik erlaube ich mir kein Urteil, aber zumindest was die Sprache angeht, kann ich das auf jeden Fall bestätigen: Ich verstehe kein Wort. Mein „Die Schildkröte hat ihren Schlüssel verloren"-Spanisch ist hier noch unnützer als sonst. Immerhin, eines habe ich gelernt: „Evita la Furts" heißt auf katalanisch „Vorsicht vor Taschendieben". Schade.

Ich hatte gehofft, es wär 'ne Travestiekünstlerin.

***

Was Neusurfern wie mir (ich hab's wohl doch noch nicht ganz aufgegeben) hier sofort auffällt, sind die Wellen. Die sind teilweise mehr als ordentlich und nicht jeder ist ihnen gewachsen. (Am Strand von Home Mort kann man zum Beispiel Horden splitternackter schwuler Männer beobachten, die im Minutentakt mit einem lautstarken „Huuuuuuch!" vom Wasser angehoben und dann blubbernd und prustend unter den Wellen begraben werden, bis nur noch ein leuchtend weißer Hintern oder ein schüchterner Penis an der Wasseroberfläche zu sehen sind.)

Manchmal führen diese Wellen aber auch zu weniger lustigen Situationen, wie ich zum Beispiel am Morgen bei meiner täglichen Joggingrunde (mein GOTT, wie lange ich darauf gewartet habe, diesen Halbsatz mal elegant in einem Text unterzubringen!) erleben durfte:

Ich laufe also gemütlich am Strand entlang und mache das, was ich immer mache, wenn ich jogge: Ich überlege, was ich zum Ausgleich danach alles essen kann.

Plötzlich höre ich Stimmen und sehe ein gekentertes Boot samt wild rufenden und winkenden Schiffbrüchigen im Meer. Es scheint eine Familie zu sein, ich erkenne zwei Kinder und zwei Erwachsene, alle klammern sich an das Boot, die Kinder tragen zum Glück Rettungswesten.

Ich schaue mich um: Die anderen Menschen am Strand scheint das Ganze nicht besonders zu interessieren. Einer macht Liegestütze, andere dehnen sich, wieder andere winken einfach zurück.

Etwas hilflos gehe ich am Strand entlang und sehe schließlich eine Gruppe Passanten, die Smartphones in der Hand haben und aufgeregt telefonieren.

„Did you call the lifeguards?", frage ich.

„Yes, yes", antwortet mir einer aus der Gruppe. „They need some more time."

„Ah. Interessant", denke ich. Ich hoffe, die Menschen da im Wasser haben noch ein Minütchen.

„Was mache ich denn jetzt?", frage ich mich.

Die Wellen schlagen weiter gegen das Ufer. Das Geschrei der Gekenterten klingt immer verzweifelter. „Da muss man doch was tun", denke ich und will mir schon die Klamotten vom Leib reißen und den Hasselhoff machen, als mir zum Glück noch rechtzeitig einfällt, dass die Baywatch-Jungs nicht nur rote Badehöschen, sondern immer auch so ein praktisches rotes Rettungsteil dabeihatten. Und das nicht ohne Grund. Wenn ich ohne dieses Rettungsteil aufs offene Meer rausschwimme, (und das nach meiner morgendlichen Joggingrunde – bäm! Noch mal untergebracht!), würde ich wahrscheinlich fix und fertig bei den Gekenterten ankommen, mich außer Atem mit ihnen an ihr Boot klammern und nur noch mitschreien. Nicht so richtig hilfreich!

Während ich über all das nachdenke, kommen erfreulicherweise die spanischen Rettungsschwimmer an. Man kann aber nicht behaupten, dass ihnen der Lebensretter-willen direkt aus den Poren tropft: Die drei aufgepump-ten Jungs sehen eher aus, als hätte man sie beim Fitness-Work-out oder einem Modeljob für Hollister gestört. Sie schauen erst ausgiebig aufs Meer, ziehen dann sorgfältig ihre T-Shirts aus, legen sie akkurat zusammen, stellen ordnungsgemäß ihre Schuhe daneben und erst dann, nach einer gefühlten halben Stunde, begeben sie sich ins Wasser. Es gibt halt bessere und schlechtere Momente für „südländische Gelassenheit".

Andererseits: Mithilfe eines zufällig vorbeikommen-den Kanufahrers retten die drei alle vier Insassen des ge-kenterten Schiffs in kürzester Zeit und bringen sie sicher an Land. Die Kinder weinen zwar und die Eltern sind kreidebleich, aber insgesamt sind alle wohlauf und mit dem Schrecken davongekommen. Die Rettungsschwim-mer steigen wieder aus dem Wasser, trocknen sich ab, ziehen ihre Klamotten an, ordnen die Frisur und ver-schwinden.

Ich nehme an, sie müssen ihr Trizeps-Work-out noch beenden.

***

Ganze sechs Tage bleiben wir in Sitges. Das ist länger, als wir jemals Rast gemacht haben in den letzten vier Monaten. Woran liegt's? Zum einen genießen Stefan und ich die Zeit hier unglaublich. Nach all den Monaten mit neugierigen Blicken der Mitcamper und skeptischen Bli-cken vieler Einheimischer freuen wir uns einfach, mal auf einem Campingplatz nicht das einzige schwule Pär-chen zu sein. Ich will nicht überdramatisieren, aber gera-de im Osten haben wir uns schon sehr oft überlegt: „Können wir hier Händchen halten und uns küssen oder gibt das Ärger?" Als Kölner vergisst man ja oft, dass unser Akzeptanz-Elfenbeinturm nicht weit hinter der Stadtgrenze endet.

Zum anderen wissen wir auch, dass, egal wo wir ab jetzt hinfahren, auf jeden Fall der Herbst anfängt. Die Wetterkarte zeigt dunkle Wolken über Deutschland und spätestens nördlich der Linie Lyon-Zagreb ist Schluss mit 20 Grad plus x.

Wir verbringen also viel Zeit vor unserem Wohnmobil, lesen, schauen vor uns hin, ich gehe jeden Morgen joggen (Yes! Noch mal untergebracht! Ich Teufelskerl!) und abends grillen wir, sitzen in der gemütlichen Lounge des Campingplatzes oder entdecken das überraschend vielfältige gastronomische Angebot von Sitges.

Bei einem dieser Restaurantbesuche kommen wir mit einem englischen Pärchen am Nachbartisch ins Gespräch. Wir haben kaum angefangen, uns zu unterhalten, da entschuldigen sich die beiden schon für ihre Landsleute und den Brexit. Ein Verhalten, das ich bisher nur von US-Amerikanern kannte, wenn es um das Thema Trump ging. Ich will den beiden ihre Schuldgefühle nehmen, zucke die Schulter und sage: „Well, that's democracy!"

Aber der Mann schüttelt sofort den Kopf: „No", sagt er, „people are stupid. That's the problem."

Tja. Wie soll man da widersprechen? Ich bin sicher, die beiden wären große Fans meiner Theorie vom gesunden Menschenverstand im Spätsommer 2017.

22. SCHÖN, ABER KURZ

Andorra la Vella, La Massana (Andorra)

Andreas W. schreibt: „Ich habe vor Ewigkeiten mal Freunde in den Pyrenäen besucht, die für ihren Wocheneinkauf immer nach Andorra fuhren. So müssen sich DDR-Bürger ohne Westfernsehen gefühlt haben, als sie '89 zum ersten Mal bei uns in einem Rewe standen! Allein die Ecke mit den Erdbeermarmeladen war so groß wie ein deutscher Durchschnitts-Supermarkt und die Mindestgröße von Olivenölflaschen lag bei circa zehn Litern. Verlauft euch nicht in den autobahnbreiten Gängen!"

***

Es gibt eine Pumuckl-Folge, ich glaube, es ist „Der große Krach", in der Pumuckl immer wieder mit einem Spielzeugauto eine selbst gebaute Rampe herunterfährt und dabei ruft: „Schöööööön – aber kurz."

Genauso ist Andorra.

Die meisten kennen Andorra ja nur als „Tankstelle mit was außen rum", das Land ist schließlich berühmt für billigen Diesel und andere Duftwässerchen. Wir sind aber wild entschlossen, nicht einfach nur hindurchzufahren, sondern uns mal ein bisschen mit Land und Leuten zu beschäftigen. Und das lohnt sich, denn schon die Lektüre des Wikipedia-Artikels bietet einige faszinierende „Äh ... was?"-Momente: Andorra ist der größte Zwergstaat Europas (vielleicht ist es auch der kleinste Riesenstaat und keiner hat's gemerkt!). Das Land ist erst seit 1993 unabhängig, im selben Jahr wurde auch die Gewaltenteilung eingeführt. Die Staatsoberhäupter sind immer noch irgendein spanischer Bischof und der französische Präsident. (Wie das aufgeteilt wird, erklärt Wikipedia leider nicht. Gerade Tage, ungerade Tage? Wer gerade Bock hat? Der eine Montag bis Mittwoch, der andere Donnerstag bis Samstag und sonntags darf der König von Swasiland ran?) Andorra hat fünfundsechzig 2.000er-Gipfel und eine der niedrigsten Geburtenraten weltweit (wer will durch all die Berge schon 'nen Kinderwagen schieben?). Amtssprache ist Katalanisch (hurra, ich verstehe schon wieder nix! Also, außer „Evita la Furts!"). Es ist Mitglied der Europäischen Währungsunion, aber nicht der Europäischen Union. (Vielleicht wäre das ja auch eine Lösung für die Türkei? Haha, nur Spaß!)

***

Nach einem Kurzbesuch in einem der Supermärkte an der Grenze (die Andreas W. übrigens sehr treffend beschrieben hat: Magnumflaschen Öl, Konserven und Süßigkeiten in absurd großen Verpackungen bekommt man hier hinterhergeschmissen. Was dagegen völlig lustlos im Regal liegt, ist Obst und Gemüse. Aber wer braucht schon frische Sachen, wenn er ein 5-Kilo-Paket M&Ms haben kann?) suchen wir einen Wohnmobilstellplatz in der Hauptstadt Andorra la Vella. Doch als ich gerade durch die Schranke fahren will, legt Stefan die Hand auf mein Knie und schaut mich fragend an: „Sag mal ... wollen wir hier überhaupt übernachten?"

„Äh ... weiß nicht", sage ich. „Hatten wir das nicht so geplant?"

„Ja schon", erwidert mein Mann. „Aber ... findest du's schön?"

Ich sehe mich um. Die vierspurige Hauptverkehrsstraße führt wenige Meter neben dem Platz vorbei. Lkws brettern durch den Ort. Ich starre eine Zeit lang auf das riesige Davidoff-Billboard direkt neben dem Stellplatz. Dann zucke ich die Schulter: „Okay, wie wär's, wenn wir uns nur einen Parkplatz suchen, durch die Stadt bummeln und dann entscheiden, ob wir hier bleiben?"

„So wird's gemacht", sagt Stefan und ich stoße zurück.

***

Was soll man jetzt zu Andorra la Vella sagen? Im Grunde ist das ein Tal mit ein paar Häusern links und rechts, einem leicht überdimensionierten Fußballstadion in der Mitte und sehr viel Luxuswerbung außen rum. Eine Altstadt gibt es auch, man kann die Casa de la Vall, ein Steinhaus aus dem 16. Jahrhundert und der heutige Sitz des andorranischen Parlaments, und die Església de Sant Esteve besichtigen und dann ist man eigentlich auch schon durch. Dazwischen gibt es Parfüm und noch mehr Parfüm (die Menschen hier müssen einen wirklich schlimmen Körpergeruch haben) und wenn das jetzt eher zaghaft begeistert klingt, dann … dann ist das wohl so.

Das Spannendste an der Stadt finde ich die Aussprache ihres Namens, die ich extra gegoogelt habe. Es klingt ein bisschen nach „Endorre le beje". Das „V" von „Vella" ist laut Wikipedia jedenfalls ein stimmhafter bilabialer Frikativ, den ich auch nach mehrmaligem Üben nicht hinbekomme, aber da man ja nicht unbedingt Urlaub macht, um stimmhafte bilabiale Frikative zu üben, verlassen wir schon nach zwei Stunden Endorre le beje und suchen uns einen anderen Übernachtungsplatz.

***

Deutlich hübscher wird dieses winzige Land nämlich, wenn man sich ein bisschen tiefer in die Pyrenäen verzieht. Wir finden einen Campingplatz in der Nähe von La Massana (definitiv der teuerste der gesamten Reise – da ist der billige Diesel schnell wieder ausgeglichen!), fahren am nächsten Tag in den Parc Natural de les Valls del Comapedrosa und fragen in der Touristen-Info nach einer leichten Wanderung, um „den Hund nicht zu überfordern".

Grober Fehler.

Denn das haben die Andorraner mit den Österreichern gemeinsam: Man sollte sie nie nach einer „leichten Wanderung" fragen. Wer Tag für Tag mit Mineralwasserkästen, Magnumflaschen Chanel-Parfüm und sonstigen Einkäufen des täglichen Bedarfs 2.000er-Gipfel hoch- und runterkraxelt, hat einfach eine völlig andere Definition von „leicht" als wir. Wir überwinden also auf knapp fünf Kilometern 500 Höhenmeter, kommen völlig zerstört am Pla de l'Estany, einem ausgetrockneten Bergsee, an, leeren in wenigen Minuten unsere Wasserflaschen und hoffen einfach nur, dass wir irgendwann wieder Luft bekommen. Bärbel dagegen hüpft fröhlich durch das sonnenbeschienene Tal. Mein Gott, kann diese unkooperative Hündin nicht wenigstens aus Solidarität so tun, als hätten wir die „leichte Wanderung" wirklich wegen ihr ausgesucht?

***

Nach einer weiteren Nacht auf unserem Goldstandard-Deluxe-Stellplatz (in Tschechien hätten wir für die Kosten der beiden Übernachtungen einen ganzen Campingplatz erstehen können!) wissen wir endlich auch, was wir nach dem Diebstahl in Bratislava vergessen haben einzukaufen: lange Klamotten. Bei unserem Abschied in Sitges (30 Grad) haben wir Pullis und Jeans noch nicht vermisst. Am nächsten Morgen in Andorra (sieben Grad) schon eher. Entweder, ich fresse mir also mithilfe mehrerer 5-Kilo-Pakete M&Ms eine kälteresistente Winterspeckschicht an, oder wir fahren weiter.

Wir entscheiden uns für Letzteres.

Wer weiß. Noch eine Nacht hier, und ich könnte mir vermutlich gar keine M&Ms mehr leisten.

23. DIE RACHE DER AUSTER

Carcassonne, Les Saintes-Maries-de-la-Mer, Nizza
(Frankreich)

Saskia W. schreibt: „Hab ich auf deinen Fotos nicht ab und zu auch Brett- und Kartenspiele auf dem Tisch gesehen? Dann ist ja wohl ein Besuch in Carcassonne Pflicht!"

***

Ich habe in meinem Leben noch nie so viel gespielt wie in den letzten vier Monaten. Da wir keinen Fernseher im Wohnmobil haben (mir fällt auch kaum etwas ein, was ich in dieser Zeit weniger vermisst habe als „Schwiegertochter gesucht" und öffentlich-rechtliche Anbrüll-Polittalks) und das WLAN auf Campingplätzen immer ein kleines Glücksspiel ist („Bleiben wir noch zwei Stunden hier? Dann lad ich mir grade meine Zeitung aufs Handy!"), haben wir sehr viel Zeit mit Büchern, aber eben auch mit allen möglichen Karten- und Brettspielen verbracht. Für eine Reise zu zweit auf engem Raum gibt es übrigens geeignetere Spiele (Kniffel – sehr niedriges Aggressionslevel) und weniger geeignete („Seven Wonders: Duel" – das vermutlich hinterfotzigste Spiel der Welt. Spätestens, wenn man sich selbst einen Satz wie „Lach nicht so hämisch!" sagen hört und den auch noch ernst meint, sollte man besser schnell alles wegräumen und einen ausgedehnten Spaziergang machen. Allein).

Auch „Carcassonne", eines der erfolgreichsten Brettspiele der letzten 20 Jahre, kam ab und zu auf den Tisch und deswegen bot sich ein Abstecher in die namensgebende Stadt in Südfrankreich an. Zumal die mittelalterliche Cité de Carcassonne eine steingewordene Zeitreise ist: Man geht durch das erste Tor, sieht all die perfekt erhaltenen Türme und Mauern und Häuschen und steht eigentlich sofort im 12. Jahrhundert. Die verwinkelte Altstadt wirkt dermaßen jenseits unserer Zeit, dass man die Schalmei auspacken und mit einem fröhlichen „Tanderadei!" durch die Gassen hüpfen möchte. (Keine Angst, mache ich natürlich nicht. Kein Mensch braucht Schalmeien. Oder überhaupt Mittelaltermusik. Den Satz „Wenn doch jetzt mal jemand Schalmei spielen würde!", hört man fast noch seltener als den Satz „Radfahren in Lissabon – das ist geil!")

Im Schaufenster eines Spielzeugladens finden wir dann auch tatsächlich eine französische Ausgabe von „Carcassonne – le jeu de société".

„Ob's auch deutsche Städte gibt, aus denen französische Brettspiele gemacht werden?", fragt Stefan. „Das wär doch mal ein starkes Signal für Europa!"

Ich nicke und sage mit französischem Akzent: „Gälsönkirschen – le jeu! Erkunden Sie mit bis zu vier Mitspielern die Innenstadt der Ruhrpottmetropole. Mais attention! Wer sich im Labyrinth aus 1-Euro-Shops und Dönerläden verirrt, verliert!"

Stefan wiegt den Kopf hin und her: „Jaaaa, na ja … vielleicht lieber doch nicht."

***

Uns läuft die Zeit davon. Nur noch wenige Tage bleiben uns bis zur Rückkehr nach Deutschland, aber wir geben die Suche nach den letzten Sonnenstrahlen des Spätsommers noch nicht auf. Als in Carcassonne am Morgen die ersten Regenwolken aufziehen, öffnen wir

245

unsere Wetter-Apps und suchen Sonnensymbole auf der Europakarte. Es sind nicht mehr viele.

„Les Saintes-Maries-de-la-Mer!", sage ich schließlich. „Da sieht's noch ganz manierlich aus."

Stefans Gesicht hellt sich sofort auf: Saintes-Maries, ein winziges Nest tief unten in der Camargue, ist sicher einer unserer Lieblingsflecken in Frankreich. Entdeckt haben wir den Wallfahrtsort bei einem jener typischen Kurzurlaube, in dem wir „maximal bis in die Normandie" fahren wollten und es uns dann aufgrund akuten Scheißwetters doch deutlich weiter in den Süden verschlug. Es ist vielleicht der einzige Ort der Welt, in dem wir eine Art „Stammcampingplatz" haben. Ich liebe die Ruhe da unten (wenn man nicht gerade zur Zeit der großen Maiwallfahrt kommt), die Entspanntheit, die Abgeschiedenheit. Man muss sich den Ort auf der Karte anschauen, um zu verstehen, wie es dazu kommt: Wenige Straßen führen dorthin, Brackwasserseen umzingeln die Stadt und die Camargue legt sich wie ein Schutzpanzer außen rum. Es ist perfekt.

In einem Reiseforum habe ich mal einen Beitrag gelesen, in dem sich eine Dame aus Deutschland darüber beschwerte, dass Saintes-Maries ja wohl der allerletzte Ort sei, weil man da überhaupt nichts machen könne, außer auf den Markt zu gehen, durch die Camargue zu bummeln oder aufs Meer zu gucken.

Japp.

Exakt.

Damit ist ziemlich genau auf den Punkt gebracht, was ich an dem Kaff so liebe.

***

„Wenn mir heute Nacht schlecht wird, dann weiß ich wenigstens, warum!", sage ich und lache weltmännisch.

Wir sitzen in einem Strandrestaurant in Saintes-Maries und ich steche in mein Rindertatar. Zuvor hatte ich sechs Austern. Also rohe Meerestiere. Jetzt rohes Rindfleisch. Ganz klar eine meiner schlechteren Ideen in den letzten vier Monaten.

Bei sommerlichen Temperaturen Tatar zu essen, ist schon ein großer Vertrauensbeweis für die Küche. Oder halt einfach dumm – wie man's nimmt. Bei den Austern kommt aber noch hinzu, dass ich schon bei meinem letzten „Douzaine d'huîtres" vor einigen Jahren in Brüssel das Gefühl hatte, dass der glibberige Meeresrotz und meine inneren Organe nicht die allerdicksten Freunde werden.

Aber dann sitzt der feine Herr Barth auf einer Außenterrasse am Strand, fühlt sich wie Bimberla Wichtig, schwenkt sein Pastisglas und tönt: „Na, also hier MUSS man ja wohl Austern bestellen!"

Tja.

Nachts um drei wache ich auf und stelle fest, dass nicht alles, was gerade in meinem Körper ist, auch da bleiben will. Ich schaffe es gerade noch bis zum Toilettenhäuschen des Campingplatzes, merke aber, dass mein Magen auch danach noch nicht richtig besänftigt ist. Trotzdem lege ich mich wieder ins Bett.

Nachts um vier wache ich erneut auf und weiß: Ich schaffe es nicht mehr bis zum Toilettenhäuschen. Ich klettere deshalb schnell über Stefan, öffne die Tür unseres Minibadezimmers und setze mich auf die Campingtoilette.

Ab hier wird meine Erinnerung ein bisschen bruchstückhaft.

Das Nächste, was ich sehe, ist mein Mann, der mich anschreit und versucht, mich hochzuziehen. Offensichtlich bin ich auf der Toilette kollabiert.

„MARKUS!!! Was ist denn los?", brüllt Stefan.

Ich würde gerne sprechen, bringe aber nur einen dumpfen Laut zusammen, der mir selbst unheimlich ist. Irgendetwas steigt in mir auf. Ich spüre eine Welle, die durch meinen ganzen Körper vom Magen über den Brustbereich Richtung Kopf wandert. Erst denke ich noch: „Das ist jetzt irgendwie nicht so gut."
Dann bekomme ich Angst.
Zum ersten Mal in meinem Leben kommt mir der Gedanke: „Fuck. Ich glaube, das war's!"
Dann wird's wieder dunkel.
Dann wieder hell: Ich sehe ... einen ungarischen Thermalsee und sehr viele quietschbunte Poolnudeln.
Dann wieder: Dunkelheit.

***

Als ich die Augen wieder aufmache, liege ich auf dem Boden unseres Wohnmobils. Stefan hat meine Beine hochgelegt und wischt mit allen verfügbaren Tüchern Flüssigkeiten auf, von denen ich gar nicht wissen möchte, was sie genau sind. Er schaut mich entsetzt an:
„Was …?"
Tränen schießen ihm in die Augen.
„Was um alles in der Welt war das denn?"
Ich kann es ihm nicht sagen. Ich zittere. Mir war noch nie so kalt. Stefan hilft mir auf. Gemeinsam wanken wir zum Duschhäuschen. Mein Mann bringt mich in eine Kabine und schaltet das Wasser an. Ich wasche alles von mir ab und bleibe eine Viertelstunde unter der heißen Dusche stehen. Als ich die Kabine verlasse und in den Spiegel schaue, erschrecke ich. Das meinen Leute also, wenn sie vom „Tod auf zwei Beinen" sprechen: Meine Lippen sind grün, mein Gesicht ist vor der weiß gekachelten Wand kaum zu erkennen. Ich habe mich noch nie so schmal, schwach und kalt gefühlt.

„Brauchen wir einen Arzt?", fragt Stefan, während er mich unterhakt.

„Lass mal", sage ich. Ich spüre, dass ich das Gröbste hinter mir habe. Wenn ich die Tücher und Eimer in unserem Wohnmobil richtig deute, ist auch nichts mehr in meinem Körper, was noch Ärger machen könnte.

„Wird schon wieder", sage ich. „Ich will einfach nur noch schlafen."

Stefan bringt mich ins Bett. Ich ziehe die Decke bis zu den Ohren schlafe sofort ein.

Am nächsten Morgen um neun krabble ich aus dem Wohnmobil. Stefan sitzt vor dem Auto und hat schon Kaffee gemacht.

„Und?", fragt er und schaut mich immer noch angsterfüllt an.

„Jaaaaa, er lebt noch, er lebt noch, er lebt noch …", singe ich mit dünner Stimme.

Stefan schüttelt den Kopf und stellt mir eine Tasse hin. Er lässt mich ein paar Schlucke trinken, dann nimmt er meine Hand.

„Versprichst du mir was?"

„Alles", sage ich und trinke noch einen Schluck.

„Du isst nie, nie, niemals wieder Austern."

„Aber …" Ich will protestieren, doch mir fallen keine guten Argumente ein: „Und wenn's das Tatar war?"

„Dann iss von mir aus auch kein Tatar mehr."

„Aber … aber, wenn man so direkt am Meer ist, dann muss man doch einfach …"

Stefan unterbricht mich bestimmt: „Markus: Kein Mensch braucht Austern!"

Ich verstumme. Es hat keinen Sinn. Meine Argumente sind wirklich wahnsinnig dünn. Ich weiß es ja selbst: Ein Leben ohne Austern ist möglich. Ich nicke also: „Hast ja recht. Niemand braucht Austern. Die Auster ist quasi die Schalmei des Meeres!"

Stefan schaut mich etwas ratlos an: „Ich glaube, du schläfst besser noch 'n bisschen."

Ich muss lächeln.

„Was denn?", fragt Stefan.

„Weißt du noch, nach deinem Schlaganfall, als du nachts allein ins Krankenhaus gefahren bist und dich der Notarzt wieder nach Hause geschickt hat, weil du ja ‚nur' starke Kopfschmerzen hattest? Und als ich dann morgens von einem Auftritt nach Hause kam und dich sofort wieder ins Krankenhaus geschleppt habe?"

„Natürlich weiß ich das noch."

„Damals hast du gesagt, ich hätte dir das Leben gerettet."

Ich nehme noch einen Schluck von meinem Kaffee.

„Schätze, jetzt steht es eins zu eins."

***

Ein Schmankerl haben wir uns bis zum Schluss unserer Reise aufgehoben: Nizza. Während man meiner Ansicht nach nahezu die gesamte Côte d'Azur in die Tonne kloppen kann (Cannes – warum? Saint-Tropez – wofür? Botox spritzen, vors Café hocken und hoffen, dass die InTouch vorbeikommt, kann man doch auch in Düsseldorf!), ist Nizza die große, wunderbare Ausnahme da unten: Eine echte Stadt mit echten Menschen, wunderbaren Cafés und Restaurants und Eisdielen (bei der berühmtesten, Fenocchio, gibt es nicht weniger als 90 Sorten - von Honig-Pinienkern bis Tomate-Basilikum) und wer nicht weiß, woher die Côte d'Azur ihren Namen hat, wird nach einem Blick auf das Meer vor Nizza verstehen, verstummen und stundenlang gucken.

Wir suchen also einen Campingplatz, verbringen zwei Tage damit, die Promenade des Anglais entlangzubummeln, über den Markt auf dem Cours Saleya zu schlendern und Socca zu essen, eine Art Pfannkuchen aus Kichererbsenteig, den ich zwar noch nie wirklich lecker fand, aber zum einen isst man das eben, wenn man da unten ist, und zum anderen sind es wenigstens keine Austern.

Nach der zweiten Nacht in Nizza sitzen wir vor unserem Auto und ich ziehe mein Resümee: Die vier Monate #EuropaTour sind fast vorbei. Mein Handyakku hält mittlerweile noch ziemlich genau 'ne halbe Stunde. Mein Datenvolumen für den Monat ist auch schon aufgebraucht. Ich habe vor drei Tagen auch meinen neuen E-Book-Reader in unserem Klappbett geschrottet. Der Tupperware-Multichef hat schon nach dem zweiten Gebrauch den Geist aufgegeben. Und am Vortag ist die Frischwasserpumpe in unserem Auto kaputtgegangen. Irgendjemand scheint uns sagen zu wollen: „Kommt, ist gut jetzt – fahrt nach Hause."

Ich nehme noch einen Schluck von meinem Kaffee und schaue dann meinen Mann an: „Ich glaube, jetzt isses wirklich vorbei, oder?"

Stefan nickt: „Japp. Jetzt geht's heim."

Wir packen unsere Sachen zusammen und steigen ins Auto. Als wir auf die Autobahn Richtung Mailand fahren, fängt es an zu regnen.

***

Wir legen einen ziemlichen Mörderritt mit sehr wenigen Pausen hin und ich habe viel Zeit zum Nachdenken. Ich weiß schon jetzt, dass es zahlreiche Dinge geben wird, die ich vermissen werde (allem voran: das Gefühl, nichts zu müssen). Ich weiß auch, dass es Dinge geben wird, die ich nicht vermissen werde (Mikrofaserhandtücher! Damit über eine frisch rasierte Glatze zu rubbeln, ist, wie sich mit einem Leim-Fliegenfänger abzutrocknen). Und ich weiß definitiv, dass das nicht die letzte Reise dieser Art für uns war. Ich will ja schließlich irgendwann auch noch Griechenland sehen.

Am Anfang der Reise habe ich geschrieben, dass ich ein „kleiner Europa-Fanboy" sei. Jetzt bin ich ein großer. Wir sind 17.000 Kilometer gefahren. Wir waren in zwölf Ländern. Ich musste an keiner einzigen Grenze meinen Ausweis vorzeigen. Es gab keine Situation, in der wir uns irgendwie bedroht gefühlt hätten. Ich habe vieles gesehen und gehört, was nicht funktioniert in Europa. Zweifellos ist in der EU einiges verbesserungswürdig. Ich habe aber auch jeden Tag und in jedem Land Dinge gesehen, die funktionieren. Und die ohne die EU wahrscheinlich nicht so gut funktionieren würden. Und allein die Tatsache, dass ich vier Monate durch einen Kontinent gefahren bin, dessen Länder sich in den letzten Jahrhunderten regelmäßig gegenseitig in Schutt und Asche gelegt haben, und heute nur noch wenige Spuren der Vergangenheit davon zeugen, ist für mich ein kleines Wunder.

***

Ich lese mal wieder Nachrichten im Internet. Lese von den neuesten Entwicklungen beim Brexit (verwirrend), den Prognosen für das Wahlergebnis der AfD (deprimierend) und Viktor Orbáns neueste Äußerungen zur Flüchtlingspolitik (verwirrend und deprimierend). Gleichzeitig denke ich an Kaia auf ihrem Campingplatz bei Pécs. An den Tuk-Tuk-Fahrer Leano in Lissabon. An Sandor vom Plattensee. An all die Follower, die uns über Monate hinweg mit ihrer Begeisterung für diesen Kontinent getragen und unterstützt haben.

Und ich bin fester überzeugt denn je: Man sollte Europa nicht den Arschlöchern überlassen.

So. Und jetzt ist es Zeit, die Jack-Wolfskin-Jacke rauszuholen.

***

Sunny L. schreibt: „Danke, dass wir vier Monate lang hier mitlesen durften. Lebt euch gut wieder ein! Und denkt dran: ‚At the end of the day your feet should be dirty, your hair messy and your eyes sparkling!‘"

Ich schreibe: „Das mit den Haaren wird schwierig!"

***

ENDE

ZUM SCHLUSS ...

Dies ist ein Reisebuch, aber kein Reiseführer. Ich gebe keinerlei Garantie für geografische oder historische Richtigkeit. Ich will auch keine Reisetipps geben. Ich will nur den Tipp geben, zu reisen. Wenn dieses Buch Lust macht, die beschriebenen Gegenden selbst zu erkunden, hat es seinen Zweck schon erfüllt. Wenn nicht, auch nicht schlimm: An manchen Ecken ist es eh schon viel zu voll. (Bitte vor allem den Lago d'Iseo sofort wieder vergessen! Danke!)

Aus Datenschutzgründen sind übrigens alle im Buch genannten Namen geändert bzw. frei erfunden. Schade eigentlich, aber Europa ist halt auch DSGVO.

***

Zu guter Letzt möchte ich noch einigen Leuten danken, ohne die es dieses Buch garantiert nicht gäbe:

Linda Grawe, Chris Geletneky, Nik Wildenauer, Tanja Sawitzki, Ralph Ruthe, Nico Metzger und Andreas Barth fürs Testlesen. Anke Köwenig und Barbara Schwerfel fürs Rückenfreihalten. Meiner Lektorin Kristina Raub – wofür ein Auftritt in Düsseldorf alles gut sein kann! Mela Holcomb für großartige Grafiken und sehr viel Geduld. Joachim Schmitt fürs immer und immer wieder Ermutigen, Anstupsen und Beruhigen.

Und nicht zu vergessen: all meinen Followern, die diese Reise erst zu dem gemacht haben, was sie war. Fühlt euch alle millionenfach geliked!

Köln, im Oktober 2018
Markus Barth